TU ES UN CADEAU

OUVRE TON CŒUR

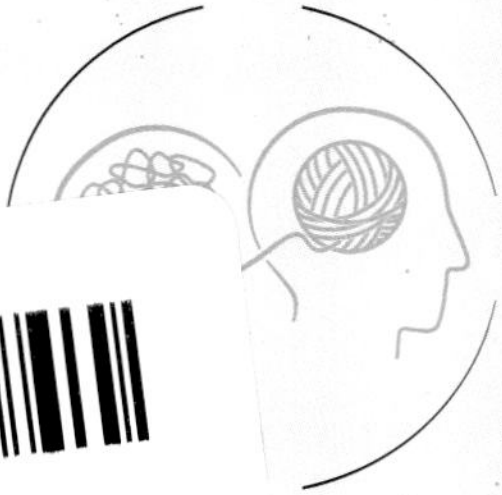

NAVIGUER
DANS LES ÉMOTIONS

LA PRIÈRE ET LA FOI

NE TE LAISSE PAS
SUBMERGER

LA CONFIANCE EN SOI

L'ÉPANOUISSEMENT

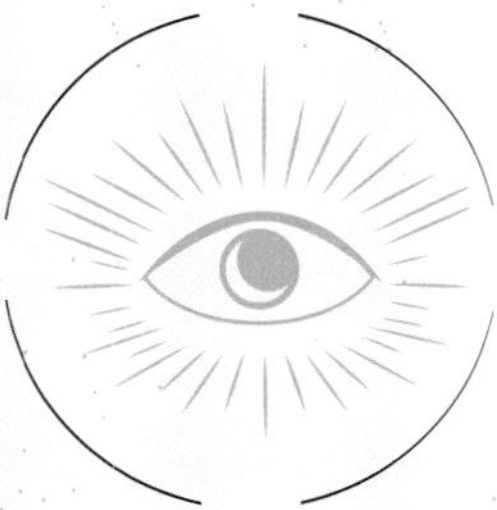

JE SUIS LÀ

LA PROTECTION

MILY **ROBIN**

COMMUNIQUER AVEC SON ANGE GARDIEN

ORACLE

18 CARTES INCLUSES

Jouvence éso

Dans la même collection aux Éditions Jouvence

Rituels pour explorer en douceur la puissance de son féminin sacré, Chloé Mason
S'ouvrir à soi grâce au pendule, Géraldine Laffont-Debeaux
Numérologie : réveillez vos super-pouvoirs, Céline Colle
Harmonie : élever sa vibration et révéler sa fréquence personnelle, Clélia Félix
Ces mots que nous pouvons dire à nos défunts, Floriane Arzouni
Messages de vos huiles essentielles, Solange Cousin
Légendes et messages des pierres thérapeutiques, Véronique Barrau et Arthémisia
S'initier à l'art des runes divinatoires, Séléné
Signes : interpréter les messages que nous envoie l'univers, Céline Colle
Ouvrir les portes de ses vies antérieures, Emmanuelle Johnson
Provoquer et décrypter ses rêves, Olivier Cochet
Expérimenter le voyage astral, Emmanuelle Johnson
Flammes Jumelles : vivre une relation karmique initiatique, Céline Colle

ÉDITIONS JOUVENCE
France : BP 90107 – 74161 Saint-Julien-en-Genevois Cedex
Suisse : Route de Florissant, 97 – 1206 Genève
Site Internet : www.editions-jouvence.com
E-mail : info@editions-jouvence.com

Catalogue gratuit sur simple demande.

ISBN : 978-2-88953-768-6

Correction : La Machine à mots
Couverture et maquette intérieure : Virginie Cauchy
Illustrations : Adobe Stock : Couverture © miobuono, © Airinn Karbi.
Illustrations intérieures © miobuono, © Airinn Karbi, © Olesia sauf p. 93 © Artulina, p. 95 © venimo, p. 96 © THP Creative, p. 107 © CharlieNati, p. 112 © apvaper, p. 115 © Tanya, p. 117 © anna42f, p. 121, p. 125 © anya, p. 123 © chrupka, p. 127 © Ирина Самойлова

SOMMAIRE

AVANT-PROPOS

La réalité, celle que nous percevons grâce à nos cinq sens, n'est que la partie visible de l'iceberg. Dans l'absolu, elle est beaucoup plus complexe que ce que nous pouvons discerner au quotidien. Il existe en effet des êtres de fréquences vibratoires différentes, imperceptibles à l'œil nu, qui gravitent autour de nous. Imaginez un poste radio. Lorsque vous choisissez une station, par exemple la 97.2, vous n'entendez que le programme de cette station. Pourtant, les autres stations sont bien actives en parallèle, mais votre poste vous permet de capter uniquement une station à la fois. Cela fonctionne exactement de la même façon avec le monde dit « invisible ». Lorsque nous développons nos sens extrasensoriels, dont certains ne sont que l'extension de nos cinq sens physiques, nous avons la possibilité d'accéder à d'autres fréquences vibratoires, d'autres plans d'existence imperceptibles aux sens basiques.

À travers ce livre, mon intention est de vous aider à vous reconnecter à cette partie de vous qui peut entrer facilement en contact avec l'être qui vous connaît depuis bien avant votre incarnation sur cette planète : votre ange gardien. Nous partirons ensemble à la découverte du royaume angélique, et plus précisément de votre ange gardien. Au fil des passages, je ne doute pas que vous ferez des liens avec votre vie et vous vous apercevrez que vous avez toujours eu une relation avec votre protecteur. Je vous donnerai également des outils pratiques pour apprendre à communiquer efficacement avec lui. Chers lecteurs, je vous souhaite une bonne lecture !

INTRODUCTION

Quelques jours après que l'on m'a proposé d'écrire ce livre, Karine, une de mes lectrices, m'a posé cette question : « Comment peut-on connaître son ange gardien ? » J'avais déjà reçu plusieurs signes m'indiquant que je devais écrire sur le sujet ; cette question m'est alors apparue comme un nouveau signe des anges pour m'inciter à passer à l'action. Ils m'ont bien fait comprendre qu'il était nécessaire que je partage dans cet ouvrage l'expérience que j'ai eue avec Karine. J'ai remercié les anges de m'avoir encouragée, de même que Karine, pour avoir joué le jeu sans en être consciente. Cette situation avait été orchestrée pour nous aider toutes les deux sur différents plans. Cela a été l'occasion pour moi de lui expliquer comment nos anges gardiens agissent et nous aident à mettre en place ce qu'il faut pour **faire évoluer notre âme**. Si c'est votre première lecture sur le sujet, vous découvrirez de nombreuses informations sur votre relation avec votre ange gardien. Si vous avez déjà quelques notions, cet ouvrage vous permettra d'en apprendre davantage.

Lorsque j'étais enfant, mon rêve le plus cher était que tout le monde ait des capacités intuitives comme les miennes, que cela soit une norme. Il était important pour moi que cela ne soit plus considéré comme une bizarrerie ou un « don », parce que je savais en mon for intérieur qu'il était totalement normal d'avoir une forte intuition et un fort instinct. Ces deux façons de percevoir les sens extrasensoriels ne sont que pures croyances limitantes datant de plusieurs siècles. Je pressentais au fond de moi, depuis longtemps, que les choses évolueraient, même si je ne savais pas vraiment comment ni quand. D'ailleurs, je ne pensais pas que je serais là pour en être témoin, bien que ce fût mon rêve le plus cher. Mais avec l'éveil spirituel massif qui a commencé en fin d'année 2012, nous y sommes. J'en suis plus que ravie. Il reste encore beaucoup de chemin à parcourir, mais nous y sommes. Nous vivons donc une période exceptionnelle sur la planète depuis dix ans maintenant (nous sommes début janvier 2023 au moment où je finalise l'écriture de ce livre). Le voile se lève de plus en plus rapidement et les croyances limitantes s'effritent en même temps. Il s'agit d'une période où chaque être humain peut enfin **se reconnecter avec son essence, sa vraie nature et son entièreté**. Chaque humain a la possibilité de voir bien plus que le monde matériel. Je vous encourage vivement à communiquer avec vos guides et à écouter votre intuition avec assiduité.

1.

BIENVENUE DANS LE MONDE ANGÉLIQUE

Le monde angélique, ou le « royaume angélique » comme je l'appelle, est un concept qui fait référence à la dimension où se trouvent **les êtres célestes**, plus connus sous le nom d'anges et d'archanges. Selon les croyances populaires occidentales, les anges sont des êtres spirituels qui sont chargés de veiller sur les humains et de les protéger des forces maléfiques. Je précise qu'il s'agit de croyances, car même s'il est souvent difficile de l'accepter lorsque l'on est incarné dans un monde de dualité, il n'y a ni mal, ni bien dans l'absolu. Le monde de la dualité a bien sûr une raison d'être, c'est pour cela que la perception dualistique n'est pas une mauvaise chose, elle nous permet de faire un cheminement qui ne serait pas possible dans un monde d'amour infini. Il existe diverses croyances et traditions relatives au monde angélique. Dans certaines religions, les anges sont considérés comme **des messagers de Dieu** et sont censés apporter aux humains des messages et des enseignements. Dans d'autres cultures, les anges sont perçus comme **des protecteurs** et **des guides spirituels** qui aident les individus à trouver et comprendre leur chemin de vie.

De nombreux personnages habitent le monde angélique, chacun ayant ses propres caractéristiques et attributs :

- les anges gardiens, associés à la protection ;
- les anges bénévoles, dont la mission est en lien avec la paix, la sagesse, la compassion, etc. ;
- les anges qui veillent sur les enfants ou les animaux ;

- les anges qui veillent au bon fonctionnement de la nature ;
- les anges dont la mission est d'insuffler les idées importantes au développement de l'humanité.

Les êtres du monde angélique sont fascinants. Leur monde est rempli de lumière, de joie, de chant, de gaieté et de puissance (mais nous parlons là d'une puissance pacifique, on pourrait comparer cela à un maître d'arts martiaux sur terre dans la tradition la plus pure).

Quand je leur demande comment ils souhaitent que je présente leur monde, les anges me transmettent l'image d'un **réseau neuronal qui alimente et protège la terre**. Ils évoquent la terre, et non pas les humains, car nous ne sommes pas les seuls à être influencés par leur présence. D'ailleurs, quand je communique avec eux, je constate que leurs réponses sont toujours orientées vers nous et non pas à leur sujet, ce qui est à l'opposé du comportement humain. En termes de communication avec les anges, il faut savoir que la pratique est fortement recommandée, bien plus que de simplement se renseigner sur le sujet. **Les anges vous invitent à expérimenter par vous-même.** C'est de cette manière que vous comprendrez leur monde. Ils souhaitent que vous sachiez qu'ils sont là et vous écoutent.

« Vous pouvez nous parler. »

Les anges

Qui sont les anges ?

Les anges sont des êtres spirituels, souvent perçus comme des messagers ou des guides divins. Ils sont associés à la religion et à la spiritualité, bien que les croyances sur les anges varient d'une religion ou à une autre.

Dans la tradition judéo-chrétienne, les anges sont généralement décrits comme des **êtres célestes aux ailes brillantes** qui agissent comme des messagers de Dieu ou comme des protecteurs de l'humanité.

Dans certaines religions, les anges peuvent être invoqués pour **recevoir de l'aide et une guidance**. Les croyances sur les anges sont multiples, et chaque individu en a sa propre perception. Quoi qu'il en soit, peu importent vos croyances, les anges (ou peu importe le nom que vous donnez à ces êtres) sont des êtres de lumière qui existent sur un autre plan de conscience et d'existence que le nôtre. Ils ont pour mission de nous aider à **avancer spirituellement** et de nous protéger pendant notre incarnation sur terre.

Il existe une multitude de récits et de légendes autour des anges et du rôle qu'ils peuvent tenir dans la vie des gens. J'ai moi-même vécu de nombreuses histoires magiques avec mon ange gardien et j'en partage quelques-unes avec vous dans certains passages de ce livre.

Les différents types d'anges

Dans mon ouvrage *Le Petit Livre des anges*[1], j'explique que, s'il existe bien différents types d'anges dans le monde spirituel, on ne peut pas parler de « hiérarchie spirituelle » en soi. En effet, chaque entité a une fonction attitrée et des missions à effectuer. À leur niveau, il n'y a pas de notion de dualité. De ce fait, les principes de qualification et quantification que nous avons sur terre n'existent pas pour eux. Sur terre, nous pouvons considérer qu'être un balayeur de rue est moins bien qu'être manageur dans une multinationale. Nous avons tendance à transposer cela au monde angélique et à penser qu'il vaut mieux appeler un archange que son ange gardien par exemple. Mais il est important de comprendre que, dans les hautes fréquences vibratoires, **chaque entité est importante et a son rôle à jouer**. Il n'y a pas de rôle plus important qu'un autre, ils doivent simplement tous être remplis et chacun possède les habiletés qu'il faut pour remplir son propre rôle. D'ailleurs, il serait peut-être temps que l'on commence à penser de la même manière sur terre. À quoi ressemblerait notre société si tout le monde décidait qu'il n'y ait qu'une petite poignée de professions valables et valides ? Je vous laisse imaginer le chaos…

Lors de mes connexions avec le monde angélique, j'ai pu interagir avec **les archanges**, **les anges gardiens**, les anges que je vais appeler **les « anges bénévoles »**, **les muses** (qui sont des sources d'inspirations pour les inventeurs, les artistes,

1. Paru aux éditions First en 2020.

les auteurs) ainsi que d'autres « personnages » qui vivent à cette fréquence. On appellera ces autres personnages **les « collaborateurs »** puisque c'est le mot que l'on me souffle. Tous ces termes, « anges gardiens », « archanges », « anges bénévoles », etc., ne sont que des mots pour déterminer les fonctions.

Une empreinte vibratoire

Vous pouvez vous sentir confus avec tous ces différents acteurs du monde invisible. Même s'il n'est pas capital que vous sachiez vraiment qui vous répond lorsque vous posez une question (parce que le bon interlocuteur reçoit toujours le message que vous envoyez), j'aimerais tout de même vous aider à éclaircir tout cela. Notre équipe de lumière se compose de plusieurs acteurs :

- notre âme (notre niveau de conscience la plus élevée) ;
- notre ange gardien ;
- notre guide spirituel principal (certaines personnes ont plusieurs « guides spirituels permanents[2] ») ;
- les guides spirituels temporaires (ou de passage) ;
- les membres de notre famille d'âme ;

2. Guide spirituel principal et guides spirituels permanents : ce sont les guides qui connaissent notre contrat d'âme et qui nous accompagnent de la naissance jusqu'à notre retour dans le monde éthérique.

- nos ancêtres ;
- les animaux spirituels ;
- et des êtres de lumière qui peuvent intervenir de manière ponctuelle pour diverses raisons.

Pour nous, humains, il est important de nommer les choses car c'est notre façon de nous identifier. Mais dans le monde subtil, **l'identification repose sur la vibration**, un peu comme des empreintes. Il n'existe pas deux fréquences vibratoires identiques. Je vous assure que vous distinguez déjà les différentes vibrations, vous n'en avez simplement pas conscience. Je vais vous donner un exemple simple, si vous vous souvenez de vos rêves, vous avez forcément expérimenté cela. Il y a des rêves que vous faites dans lesquels vous voyez quelqu'un que vous connaissez. Disons que vous rêvez de votre tante Maryse. Dans le rêve, elle est rousse avec de longs cheveux ondulés, elle a 24 ans et ne soigne pas son apparence. Alors qu'en réalité, c'est une femme noire de 52 ans qui est très féminine. Deux apparences totalement différentes et pourtant, vous savez que c'est votre tante Maryse. Vous avez reconnu sa fréquence vibratoire malgré l'apparence qu'elle a dans une autre vie (oui, parce que cela est un voyage astral). Vous comprenez mieux maintenant pourquoi le nom n'a aucune importance.

Nous nous reconnaissons par notre **fréquence vibratoire** qui est unique. Celle-ci contient beaucoup d'informations, elle est très précise, c'est un peu notre carte d'identité. Tous les anges gardiens possèdent une fréquence vibratoire qui leur est propre et il en est de même pour chaque acteur dans le monde de l'invisible. Pour vous donner un exemple « terrien » : imaginez que les chiens représentent le monde angélique (tous les personnages de cette dimension). Il existe différentes races de chien, de même qu'il existe différentes catégories d'entités. Les anges gardiens sont les labradors, les muses sont les bergers allemands, etc. Mais tous les labradors ne sont pas identiques, vous pouvez reconnaître le vôtre par rapport à celui de votre voisin. Il en est de même pour votre ange gardien qui possède sa propre vibration.

Il faut savoir qu'on ne peut pas créer de « fausse » fréquence vibratoire. Cependant, lorsque l'on est désespéré ou que notre taux vibratoire est bas (parce que nous sommes bousculés par des émotions négatives), nous pouvons être dupés et ne pas réussir à lire correctement l'énergie de notre interlocuteur.

Il arrive que certaines personnes, parce qu'elles ont des attentes et des croyances spécifiques, pensent communiquer avec leur ange gardien alors qu'elles sont en contact avec leurs guides spirituels. Encore une fois, ce n'est pas bien grave, car tout part de l'intention et de la fréquence vibratoire, donc **les bons interlocuteurs reçoivent les messages et interviennent en conséquence**. Je vous explique tout cela parce que les anges souhaitent que vous compreniez que chacun a un rôle, une fonction bien définie. Cependant, il n'y a pas de rigidité dans leur « monde ».

Quel est le rôle spécifique de l'ange gardien ?

L'ange gardien nous accompagne depuis bien avant notre incarnation et ce jusqu'à ce que nous retournions dans l'éther. La plupart du temps, **il nous accompagne même depuis plusieurs vies** (les vies dites antérieures et futures – sachant que tout arrive dans l'instant présent –, un des nombreux paradoxes de notre univers). Notre ange gardien connaît bien notre âme et son cheminement, d'où nous venons et où nous sommes supposés aller.

Le rôle principal de l'ange gardien est de **nous protéger durant notre incarnation**, mais pas uniquement : il est aussi le gardien de notre âme, donc il continue d'intervenir même lorsque nous sommes de retour dans le monde subtil.
Une autre tâche de l'ange gardien est de s'assurer que nous évoluons comme « il se doit ». Autrement dit, l'ange gardien et le guide spirituel principal ont pour rôle de nous aider à **remplir notre contrat d'âme**. Quelle est la différence entre ces deux êtres ? Le guide spirituel se préoccupe de nous aider avec les choses en lien avec la troisième dimension et tout ce qui a trait à notre ego (par exemple : la réussite professionnelle, les relations amoureuses, les relations amicales, le fait de vouloir une voiture ou une maison de telle ou telle façon, etc.). L'ange gardien, de son côté, n'a aucune expérience de vie dans notre dimension et ignore les contraintes que cela implique. Il s'occupe de notre évolution spirituelle (par exemple : comment pardonner, trouver la paix intérieure, développer des qualités

vertueuses, développer l'amour inconditionnel, etc.). L'ange gardien n'intervient pas pour vous aider à faire votre vie avec untel ou devenir millionnaire si cela n'a pas de lien direct avec vos apprentissages et votre évolution spirituelle.

Votre ange gardien vous aide à élever votre vibration et à vivre en conscience.

L'ange gardien vous accompagne pour trouver la force de continuer pendant les moments difficiles. Il vous encourage dans vos efforts, booste votre intuition et vous donne tout l'amour nécessaire pour continuer votre cheminement. Il se trouve à vos côtés 24 heures/24 et ne vous lâche pas un seul instant. Il veille et anticipe certains événements ; parce qu'il sait ce qu'il peut arriver, il fera tout ce qui est en son pouvoir pour vous prévenir et vous protéger d'un danger, toujours en alignement avec le grand plan.

Votre ange gardien n'a pas besoin de votre autorisation pour intervenir dans votre vie. Il agit lorsque cela est nécessaire malgré vous, mais toujours dans le but de vous aider dans votre évolution et de vous alléger d'embûches qui ne sont pas nécessaires ou qui pourraient vous ralentir. Il va de soi qu'il respecte **votre libre arbitre**. Il n'interviendra pas lorsque vous ferez de « mauvais choix[3] » ou de « mauvaises actions ». Il peut vous avertir (lorsque vous constatez que quelque

3. Les mauvaix choix ne sont que des expériences qui nous sont désagréables et qui nous rendent plus conscients. Rien n'est considéré comme mauvais du point de vue des anges.

chose ne fonctionne pas ou que les choses sont bloquées, c'est souvent le signal que vous devez prêter attention) et vous guide alors en attirant votre attention sur d'autres possibilités. Cependant, le chemin reste le vôtre et vous devez en prendre la responsabilité. Personne ne vivra votre vie à votre place et ne vous donnera toutes les réponses non plus. Il s'agit de votre expérience et non celle de votre ange gardien ou de vos guides.

Foire aux questions angéliques

Faut-il être religieux pour avoir un ange gardien ?

Les anges n'ont aucun lien avec les religions. Ils peuvent être perçus et nommés différemment selon les cultures, mais ce sont des êtres qui existent sur un autre plan vibratoire et qui possèdent les intentions les plus nobles. Ils sont pur amour, ne connaissent pas le jugement et n'ont jamais eu d'ego. Il n'y a donc aucune quantification ou qualification dans leur façon de percevoir les choses.

Tout le monde a-t-il un ange gardien ?

Oui, nous avons tous, sans exception, un ange gardien. Même les personnes que nous pouvons considérer comme « monstrueuses » ont un ange gardien qui les aide à avancer dans l'élévation de leur conscience. Encore une fois, il n'y a pas de jugement. Nous sommes tous des âmes en cours d'évolution dans la matière.

Comment vérifier que j'ai effectivement un ange gardien ?

Cela tombe parfaitement bien que vous ayez ce livre entre les mains. Pratiquez les exercices et les recommandations, vous vous ferez vos propres expériences et pourrez en tirer vos propres conclusions. Vous aurez la réponse par vous-même et vous n'aurez nullement besoin qu'on vous prouve quoi que ce soit.

Vous pouvez très bien être sceptique, et je rajouterais même que c'est sain de l'être. Tout ce qu'il faut, c'est **faire preuve d'ouverture d'esprit et être curieux** plutôt que de partir sur des conclusions qui ne sont que le reflet de notre ignorance. Il y a trop souvent eu des souffrances dans l'histoire de l'humanité à cause de l'ignorance, du jugement et de la peur (la peur étant souvent une conséquence de notre ignorance). À notre époque, l'information circule. Testez et tirez vos propres conclusions pour votre propre vie. Et même si vous n'arrivez pas à vivre les expériences d'autrui, gardez en tête que ces personnes vibrent tout simplement sur une fréquence vibratoire qui vous est étrangère, cela ne les invalide pas. C'est pour cette raison qu'il y a autant de cultures que de pays ou de personnalités que de personnes et c'est ce qui fait aussi la richesse de notre expérience sur terre.

Pouvons-nous tous communiquer avec les anges ?

Oui et cela est notre droit de naissance. Tout le monde a la capacité de ressentir et de communiquer de façon très claire avec son ange gardien. Vous allez pouvoir découvrir, dans ce livre, différentes techniques pour y parvenir.

Comment connaître le nom de mon ange gardien ?

Comme je vous l'ai expliqué au début de ce livre, le nom n'est pas la façon dont les anges se reconnaissent entre eux. De même, ce n'est pas non plus avec notre nom qu'ils nous reconnaissent. Le nom de votre ange gardien n'est nullement en lien avec un calendrier, ni en relation avec votre date de naissance. Cette technique avait sûrement une raison d'être à une certaine époque, car tout a toujours une raison d'être. Mais, aujourd'hui, avec notre niveau d'évolution, cela est réducteur.

Vous pouvez tout à fait donner un nom à votre ange gardien si cela vous aide et vous permet de vous sentir plus proche de lui, ou bien vous pouvez lui demander de vous aider à lui trouver un nom qui se rapproche de sa vibration. Pour cela, demandez-lui des signes, et si vous entendez soudainement un prénom qui résonne avec vous de façon répétée alors que ce n'était pas du tout le cas avant, vous pouvez considérer que vous êtes tous les deux d'accord sur ce prénom. En principe, à la suite de cet accord, le prénom en question se fera de nouveau discret dans votre quotidien. Si vous entendez par la suite (quelques mois ou années plus tard), de façon répétée, le prénom que vous avez tous les deux choisi, c'est sans doute un moyen qu'il utilise pour attirer votre attention. Il vous rappelle ainsi que vous pouvez faire appel à lui ou qu'il tente de vous adresser un message important. Soyez donc attentif, en tout temps.

À quoi ressemble un ange gardien ?

Les anges et les archanges sont accommodants, ils s'adaptent à nos croyances. Ils se présentent généralement sous la forme que la conscience collective a adoptée, à la suite de descriptions qu'ont pu faire certaines personnes à une certaine époque. Depuis quelques siècles, dans la société occidentale, vous pouvez voir apparaître les anges sous forme d'humains ailés. De plus, les plumes sont un symbole fort dans la conscience collective. Les anges et les archanges utilisent donc cette image pour signaler leur présence.

Dans l'absolu, les anges sont des énergies, des êtres asexués. Lorsqu'ils se présentent à moi dans leur état « normal », je les vois sous **une forme lumineuse ronde**, comme un point de lumière lointain. Ils ne montrent qu'une fraction de leur énergie sur le plan terrestre car nos yeux ne pourraient supporter une telle puissance lumineuse. Lorsqu'un ange gardien se présente dans sa forme pure, je vois une lumière blanche. Je ressens immédiatement l'amour inconditionnel qu'il a pour son protégé et le lien qui les lie. Pour être honnête, c'est le sentiment le plus beau que j'ai pu ressentir. Lorsque l'on ressent l'amour d'un ange gardien, même si ce n'est pas celui de notre ange gardien, on a juste envie que tout s'arrête pour que cette sensation dure le plus longtemps que possible.

Votre ange gardien se présentera à vous en accord avec vos propres croyances, donc si vos croyances diffèrent de celles de la conscience collective, c'est ce qui primera. J'ai une cliente qui a plusieurs cultures et, dans sa famille, un ange gardien est représenté par une abeille. Dès qu'elle voit une abeille, elle sait qu'elle doit être attentive.
Je vous conseille d'établir votre propre langage avec votre ange gardien. Rien ne vous oblige à vous caler sur les croyances de la conscience collective, sauf si elles vous conviennent parfaitement.

Un ange a-t-il un genre ?

Les anges et les archanges n'ont pas de genre. Cependant, nous pouvons les percevoir avec une énergie plus féminine ou plus masculine. Cela ne signifie pas pour autant qu'ils ont un genre, mais simplement qu'ils renvoient une énergie (une vibration) avec une tendance que nous percevons comme masculine ou féminine.

Les gens deviennent-ils des anges après la mort ?

Les anges me disent que non. En fonction de notre évolution, nous pouvons être sur le plan vibratoire du monde angélique – d'ailleurs notre partie déjà avancée existe sur ce plan. Mais ils me confirment, en utilisant notre langage, que l'on « naît » ange, on ne le devient pas. Les anges ne s'incarnent pas sur terre. Cependant, des formes d'énergies qui sont dans leur « royaume » décident de s'incarner sur terre dans le but d'aider à l'élévation de la conscience collective et de maintenir l'équilibre dans ce monde de dualité. Dans ce livre, ils ont été nommés les « collaborateurs » (voir page 18). C'est pour cela que l'on peut avoir la sensation qu'ils sont des anges, du fait de leur douceur, leur amour inconditionnel, leur non-jugement. Ce que nous pouvons ressentir, c'est l'essence de leur énergie qui est en association avec le royaume angélique.

Est-il possible d'avoir plusieurs anges à ses côtés ?

Nous avons tous un seul ange gardien à nos côtés, mais d'autres anges, ou archanges, peuvent intervenir ou répondre à nos demandes. J'ai déjà perçu à plusieurs reprises la présence d'un archange auprès d'un client en fonction de ses besoins du moment.

Des esprits de basses fréquences peuvent-ils se faire passer pour des anges ?

Les anges répondent que non, mais y mettent un bémol. Ils disent que c'est une réponse qui a besoin de nuances. Ils vous laissent savoir que, si vous cherchez à contrôler, manipuler, etc., vous baissez automatiquement votre fréquence vibratoire. Parce que votre vibration diminue, vous vous exposez à être manipulé et dupé par des énergies de fréquences basses. Autrement dit, nous pouvons croire que c'est notre ange gardien ou un ange qui communique avec nous parce que nous avons nous-même mis nos « lunettes », c'est-à-dire nos oeillères (pour vous partager l'image qu'ils me montrent).

Notre ange gardien peut-il répondre à toutes nos demandes ?

Oui et non. Oui, parce qu'il répond à toutes les demandes nécessaires pour élever notre conscience. Par ailleurs, il fait tout pour nous éviter des embûches inutiles et nous préserver d'expériences qui ne nous sont pas nécessaires ou qui peuvent retarder notre évolution selon le plan de départ.

Non, parce qu'il ignore les demandes qui sont purement des besoins ou désirs de l'ego, de même que les requêtes qui peuvent vous mettre en danger, vous ou toute autre personne (par exemple : je veux qu'untel m'aime, je veux trouver l'homme ou la femme de ma vie, je veux une voiture, une maison, plus d'argent, etc.). Mais il peut accéder à votre demande si cela a une incidence directe sur votre évolution (par exemple : si gagner plus d'argent vous donne l'opportunité de mettre en place un projet qui aide votre communauté, ou si cela vous apporte une paix de l'esprit qui fait que pouvez accélérer votre évolution spirituelle). C'est un peu du cas par cas. La majorité du temps, ce sont les guides spirituels et certains êtres de lumière qui vont vous aider à évoluer sur les sujets qui sont intimes et en lien avec l'ego.

Pourquoi passer par les anges lorsque l'on peut s'adresser directement au divin ?

Vous pouvez vous adresser directement au divin si vous préférez, il n'y a aucun souci. Ce qui est important, c'est de suivre ce qui est juste dans votre cœur. Le reste n'est que des détails et des tracas inutiles qui proviennent de l'ego. Ce n'est pas parce que c'est votre préférence que la « personne » en charge ne va pas jouer son rôle. Autrement dit, si c'est le rôle de votre ange gardien d'agir sur tel et tel sujet, c'est lui qui le fera, peu importe à qui vous vous adressez. De plus, tout est le divin, que cela soit les anges, les animaux, les objets, et même vous. Tout fait partie de la conscience suprême à différents niveaux. C'est un peu comme le corps physique ; vous pouvez décider que le cœur et le cerveau, c'est tout ce qui compte, mais cela ne va pas empêcher votre foie, vos cellules ou autres d'effectuer le travail qu'ils ont à faire.

Et même si vous avez choisi de les ignorer, ils ne sont pas moins importants pour autant.

Notre ange gardien peut-il nous ignorer ou avoir honte de nous ?

Cette question a déclenché l'hilarité auprès des anges car, selon eux, elle ne devrait même pas se poser. Ils sont amour inconditionnel et infini. La honte et l'ignorance sont des notions qui proviennent de notre ego. Les anges veulent vous dire qu'ils ignorent ce qu'est le ressentiment, ils savent que cela existe sur notre plan, mais ce n'est pas le cas chez eux. Ils nous encouragent, ils ont toute la patience nécessaire, ils ont toujours confiance et foi en nous car ils savent que c'est l'unique chemin. Un jour ou l'autre, nous serons de nouveau conscients de cette vérité. Je sais que pour certains, cela peut sembler être le monde des Bisounours. C'est tout simplement parce que vous vivez pleinement votre incarnation dans la dualité.

Quels sont les symboles associés aux anges ?

Je vous ai conseillé de créer votre propre code de communication avec votre ange gardien. Mais certains d'entre vous préfèrent peut-être rester alignés avec les symboles de la conscience collective. Dans mon cas, j'utilise à la fois mon dictionnaire personnel et l'imagerie de la conscience collective parce que je trouve un avantage dans les deux. Voici donc quelques symboles récurrents et leurs significations :

- le symbole le plus connu dans le monde, **les ailes d'ange** ;
- un autre symbole très connu, **les plumes** : le signal de la présence des anges ;
- **les flèches** : protection et guidance de l'ange ;
- **les étoiles** : l'énergie divine et la lumière des anges ;
- **les pyramides** : la sagesse et la spiritualité des anges ;
- **l'héraldique** est un système de symboles utilisé pour représenter les anges et leur rôle ;
- **la croix** : l'amour et la protection des anges ;
- **les glyphes** sont des symboles utilisés pour représenter les anges et leur influence ;
- **les arcs-en-ciel** peuvent être utilisés pour symboliser la paix et la protection divine. D'ailleurs, c'est un signe que je reçois immédiatement peu importe le temps qu'il fait lorsqu'il y a eu une catastrophe auprès de personnes qui me sont chères. Cela m'évite de m'inquiéter pour rien surtout lorsque je n'arrive pas à les joindre tout de suite ;
- **les épées** : la puissance et la défense des anges. L'archange Michaël est souvent représenté avec son épée ;

- **les cœurs** : l'amour et la compassion des anges, également symboles de Cupidon, l'ange de l'amour ;
- **les paons** : la beauté et la dignité des anges.

Cette liste n'est pas exhaustive et chaque culture possède ses propres symboles associés aux anges.

2.

COMMUNIQUER AVEC SON ANGE GARDIEN

Comme je vous le disais dans l'introduction, les anges sont passés par Karine pour me conforter dans la nécessité d'écrire ce livre. De la même façon qu'ils aiment « m'utiliser » comme intermédiaire avec vous, chers lecteurs. Les anges sont libres et manipulent l'énergie avec une extrême précision. Autrement dit, ils maîtrisent la manipulation de la matière afin de nous transmettre des messages. Ils peuvent littéralement tout faire, que cela soit communiquer à travers la pensée, matérialiser des objets, manipuler la radio, la télévision, le téléphone, se matérialiser temporairement en humain pour intervenir, insuffler un message à quelqu'un pour qu'il vous le transmette, créer des situations avec d'autres personnes afin de vous sortir d'une situation difficile, vous aider à transmuter vos émotions, etc. La seule limite des anges est celle de notre imagination.

Comment entrer en communication avec son ange gardien ?

Petit rappel

Les anges sont là pour nous aider et nous guider. Ils le font tout en respectant notre libre arbitre, ainsi que notre processus de croissance personnelle. Votre ange gardien a l'autorisation de vous aider sans demande de votre part si cela est en accord avec votre plan de vie ou pour vous protéger d'expériences dangereuses et non nécessaires à votre évolution. Par exemple, si vous avez le cœur lourd, demandez-lui de vous aider à transmuter l'émotion que vous ressentez. Alors que si vous êtes en danger de mort, il utilisera le moyen le plus efficace pour vous sauver. Vous pouvez faire confiance à votre ange gardien, tout ce que vous avez à faire est de rester ouvert à recevoir son amour et sa guidance de manière consciente.

Inutile d'en faire trop. Vous n'avez pas besoin de faire des milles et des cent pour entrer en communication avec votre ange gardien : il est comme une partie de vous.

Votre ange gardien est toujours à l'écoute. Il peut anticiper certains événements, vous n'avez pas idée du nombre d'embûches qu'il vous a permis d'éviter. Je vous rassure, votre âme a conscience de tout cela. D'ailleurs, votre partie supérieure travaille toujours en tandem avec votre ange gardien. Il est connecté à tout ce que vous émettez au niveau de votre vibration : vos pensées, vos émotions, vos actions, vos intentions, ainsi que vos paroles. C'est pourquoi vous n'avez pas besoin de faire quoi que ce soit pour entrer en communication avec lui. Ceci dit, nous sommes dans un corps de chair avec un ego que la vaste majorité de la population ne parvient pas à maîtriser. **Pratiquer des rituels** nous aide alors dans notre évolution. Comprenez bien que cela doit être employé comme **un outil** et non pas comme une fin en soi. À un moment, il faudra vous en détacher. Pour cela, vous procéderez à la manière du sevrage d'un bébé, en réduisant progressivement l'utilisation d'outils. Vous apprendrez à vous faire de plus en plus confiance, ainsi qu'au processus naturel de cette communication. Par la suite, les outils pourront devenir un moyen de varier les plaisirs plutôt qu'une nécessité.

Certains outils que je partage avec vous dans les pages qui suivent permettent une communication à double sens, c'est-à-dire que vous émettez et vous recevez la réponse instantanément. Mais, pour d'autres, il vous faudra faire preuve de patience car vous recevrez les réponses de votre ange gardien un peu plus tard.

Par la méditation

La méditation est un excellent moyen de se connecter avec son ange gardien et lui demander qu'il vous guide lors des prochaines étapes de votre évolution spirituelle. Vous aurez une réponse immédiate sous forme d'images, de phrases ou de mots, de pensées, parfois à la manière d'un mini-film. Vous pouvez également ressentir des émotions spécifiques. Si vous pratiquez déjà la médiation, vous savez ce qui fonctionne avec vous. Dans ce cas, je vous recommande de continuer vos pratiques habituelles. Si vous êtes novice, voici quelques suggestions :

1. **Trouvez un endroit calme.** La méditation implique de se concentrer sur l'instant présent, il est donc important de trouver un endroit où vous ne serez pas distrait.

2. **Adoptez une posture confortable.** Vous pouvez méditer assis sur un coussin ou sur une chaise, les pieds bien à plat sur le sol et le dos droit, ou vous allonger, de préférence sans oreiller. Il est essentiel que vous soyez à l'aise dans votre position et que votre dos soit bien droit (cela afin de favoriser la circulation de l'énergie).

3. **Fermez les yeux**, surtout si vous êtes débutant. De cette façon, vous indiquez à tout votre système que vous fermez la porte au monde physique (le monde extérieur) et que vous ouvrez la porte du monde subtil (le monde intérieur). Avec la pratique, vous pourrez méditer même avec les yeux ouverts.

4. **Concentrez-vous sur votre respiration.** L'une des techniques de base de la méditation consiste à focaliser son attention sur sa respiration. Cela aide

à se calmer et à se détendre, tout en vous permettant de vous connecter avec votre conscience supérieure (votre âme).

5. **Puis analysez les sensations de votre corps.** En prenant conscience de toutes les parties de votre corps, une à une, vous apprenez à diriger votre conscience et votre énergie sur quelque chose de spécifique, ce qui accroît votre sens de l'observation et la maîtrise de vos pensées. D'autres traditions recommandent à ce stade d'observer un point fixe.

6. **Ne vous inquiétez pas de votre performance.** La méditation n'est pas un concours. Si vous avez du mal à vous concentrer ou si vous pensez à autre chose, ce n'est pas grave. Chaque fois que vous vous en apercevez, redirigez simplement votre attention sur votre respiration et continuez.

7. **Ensuite, visualisez (ou ressentez) votre ange gardien** près de vous et demandez-lui son aide et sa guidance sur un sujet spécifique que vous aurez choisi avant de commencer votre méditation.

8. **Enfin, restez en état méditatif prêt à recevoir un message** (attention : pas dans une posture d'attente désespérée). Être prêt à recevoir, c'est accepter qu'il puisse y avoir ou non un message. Dans les deux cas, vous êtes dans la gratitude parce que vous savez que vous aurez ce dont vous avez besoin, au moment le plus parfait pour vous.

Il existe plusieurs techniques de méditation : la méditation de la respiration, la méditation de pleine conscience, la méditation guidée, la méditation de visualisation, etc. Je vous conseille de tester différentes pratiques afin de savoir ce qui vous convient le mieux. Dans un premier temps, pratiquez uniquement celles qui fonctionnent pour vous (une ou deux). Puis, une fois que vous maîtriserez cette technique de méditation, développez vos compétences avec d'autres, le but étant d'être souple et versatile, ce qui vous aidera aussi à pratiquer le détachement.

Si vous souhaitez avoir une méditation guidée pour vous connecter avec votre ange gardien, vous pouvez y avoir accès en scannant ce QR Code :

Par la prière

La prière est une autre façon de demander de l'aide à son ange gardien. Encore une fois, je vais vous conseiller de pratiquer une méthode simple. **La prière vient du cœur**, c'est ce qui est le plus puissant (vous connaissez l'expression « parler à cœur ouvert »). Mais cela ne vous empêche pas d'utiliser des prières bien connues si cela résonne plus avec votre cœur ou si vous ne savez pas par où commencer.
Si vous n'avez jamais prié, je vous conseille de trouver un endroit calme. Cela vous aidera à vous familiariser avec ce que vous ressentez. Avec la pratique, vous pourrez prier dans n'importe quel lieu et à tout moment. Vous pouvez également **utiliser des mantras** qui sont associés aux anges, par exemple : « Ange de lumière, veille sur moi et guide-moi sur mon chemin. »
Lorsque vous priez, il est important de ne pas vous positionner en tant que victime, comme dans l'exemple suivant : « Je suis dépourvu de tout et de ce fait je m'en remets à toi parce que je ne suis rien. » La prière est un acte de foi et de collaboration : « Je sais que je ne suis pas seul et je suis assez humble pour ne pas croire que tout vient uniquement de moi, j'ai foi en ma puissance intérieure qui m'aidera elle aussi. J'en appelle à ta divine intervention pour… »
Voici un exemple de prière que j'ai reçu alors que j'écrivais ce livre :

« Mon cher ange gardien,

Je te remercie de tout le travail que tu fais en ma faveur, dans l'ombre. Tu sais que je n'ai pas toujours conscience de tout ce que tu fais pour moi, mais je sais que ma conscience supérieure connaît tout le travail que nous faisons ensemble.

Je te remercie d'être mon fidèle compagnon dans cette incarnation et toutes les autres également.

J'ai une demande toute spéciale à te faire, mais, avant de te la faire, sache que j'ai ce fort désir de grandir en conscience, même si ce n'est pas facile tous les jours. C'est pour cela que je te demande de me guider quotidiennement dans cette optique.

Comme je te le disais, ma prière d'aujourd'hui est spéciale. Je fais appel à ta sagesse et ta clairvoyance afin de m'aider à évoluer au sujet de *[nommer la situation]*. Je suis ouvert et prêt à recevoir ta guidance et les messages qui me sont nécessaires.

Je te remercie d'avance pour ton aide, avec amour.

P.-S. : Je te fais une demande spéciale pour que les messages soient limpides pour moi, car, comme tu le sais, il n'est pas toujours facile pour nous de comprendre vos messages. »

Lorsque vous priez, prenez le temps de **ressentir dans votre cœur la vibration de ce que vous dites** (ou de ce que vous pensez, puisqu'une prière n'a pas nécessairement besoin d'être dite à haute voix).

À travers l'écriture

Vous pouvez prendre le temps de **rédiger une lettre à votre ange gardien.** Vous pouvez lui écrire tout ce que vous avez sur le cœur, comme vous le feriez avec une personne en qui vous avez totalement confiance. Partagez vos joies, votre gratitude, vos peurs, vos doutes, vos interrogations. Puis demandez-lui de vous aider à trouver une solution ou le soutien dont vous avez besoin. Placez la lettre dans un endroit spécial ou brûlez-la lors de la nouvelle lune ou bien trois jours avant la pleine lune pour symboliser que vous avez confié votre demande à votre ange gardien.

Vous avez également la possibilité d'utiliser **l'écriture automatique.** Posez une question à votre ange gardien et laissez votre main écrire ce qui vous vient à l'esprit, sans réfléchir. Lors de ce processus, vous pouvez utiliser votre main non dominante. Avant d'utiliser cette technique, vous pouvez faire le rituel de préparation que vous trouverez à la page 78.

Grâce aux arts divinatoires

Les arts divinatoires sont des pratiques utilisées depuis des siècles pour essayer de **prédire l'avenir, obtenir des réponses à des questions ou comprendre des situations complexes.** L'utilisation de ces outils (tarots, oracles, runes, marc de café, etc.) aide sur plusieurs plans :

- se libérer de la peur de ne pas avoir de réponse (on peut ne pas comprendre la réponse, mais l'on est sûr d'en recevoir une) ;
- ne pas s'éparpiller, l'attention est portée sur l'outil que l'on utilise ;
- ne pas se mettre de pression.

La divination est donc un bon moyen d'entrer en contact avec son ange gardien. L'avantage, c'est que l'on obtiendra une réponse tout de suite. Une fois reçu, le message est souvent clair. Si ce n'est pas le cas, prenez le temps de méditer sur la réponse et demandez des confirmations en utilisant éventuellement d'autres outils de communication qui sont présentés dans ce livre. Vous pourrez également utiliser les cartes de l'oracle pour recevoir d'autres messages complémentaires de votre ange gardien.

LES CRISTAUX ET LES HUILES ESSENTIELLES

Certains cristaux et huiles essentielles sont associés aux anges et peuvent donc être utilisés pour se connecter facilement à eux. Cela sera d'autant plus facile pour vous d'utiliser l'un de ces deux outils si vous avez déjà une forte attirance avec. Je l'ai déjà dit, mais je le répète, les anges sont la douceur et l'amour par essence. L'utilisation de pierres douces telles que **l'angélite, l'aura d'ange, la célestite** ou **la sélénite** sont donc parfaites pour faciliter la communication. Vous pouvez également utiliser des huiles essentielles comme **la lavande** ou **la rose** pour vous aider à vous détendre. Attention : avant d'utiliser une huile essentielle, assurez-vous qu'il n'y a aucune contre-indication pour votre santé ou celle de vos animaux de compagnie.

À noter

Tous les outils ne fonctionnent pas avec tout le monde. Nous sommes tous différents et vibrons à des fréquences différentes. Si les pierres et les huiles essentielles vous parlent, utilisez-les. Si, au contraire, ce n'est pas le cas, inutile d'insister. Votre intuition est un excellent guide, faites-lui confiance.
Ce n'est pas parce que quelque chose fonctionne avec certaines personnes que cela fonctionne avec tout le monde. Les outils spirituels sont des moyens, tout comme les jouets. Le socle, en tout temps, c'est vous. Partez à votre propre découverte et utilisez les outils pour ce qu'ils sont : des outils et des techniques uniquement.

En demandant des signes

La communication avec votre ange gardien passe également par les signes. Et en réalité, il n'y a rien de plus simple et de plus naturel que recevoir des signes : **il suffit de demander !** Nos anges gardiens savent tout de nos peurs, faiblesses, drames, dilemmes et décisions quotidiennes. Ils se tiennent prêts à nous guider avec amour, tout en respectant notre libre arbitre. Il est donc de votre responsabilité de demander des signes clairs à votre ange gardien pour qu'il puisse vous aider.

Le plus difficile est de prendre conscience que votre ange gardien vous envoie un signe et de le comprendre, surtout lorsque vous n'avez pas demandé de signes spécifiques.

Pour une communication claire et fluide, vous pouvez demander des signes spécifiques. Pour cela, il vous suffit de faire la demande mentalement, verbalement ou par écrit. Cette demande doit être formulée de manière claire et concise. Puis observez attentivement ce qui se produit.

Voici un exemple de demande :

« Mon ange gardien, si je suis sur le bon chemin dans mes démarches actuelles, je souhaite voir un bus violet. »

Assurez-vous que le signe que vous demandez n'est pas un élément que vous voyez fréquemment ou dans votre quotidien.

En posant des questions

Pourquoi poser des questions à son ange gardien ?

- **Parce que l'on sait qu'il a une connaissance ou une perspective supérieure,** et qu'il peut donc nous fournir des conseils avisés pour notre bien-être et celui de toutes les personnes concernées par la situation ;
- **parce que c'est une façon de se connecter à une force supérieure,** de savoir que nous ne sommes pas seuls et que nous avons toujours à notre disposition toute l'aide dont nous avons besoin pour faire de notre expérience sur terre quelque chose d'agréable ;
- **pour obtenir son aide et sa guidance :** votre ange gardien est là pour vous aider à trouver votre voie, il vous aide à vous reconnecter à votre part divine dans la matière. Poser des questions peut vous permettre de recevoir des réponses précises et des conseils sur ce que vous pouvez faire pour avancer dans votre vie ;
- **pour vous connecter à votre guidance intérieure :** votre ange gardien est un lien entre votre conscience supérieure et votre conscience terrestre. Lui poser des questions peut vous aider à vous connecter à votre guidance intérieure et mieux comprendre ce qui est juste pour vous ;

- **pour trouver de la paix et de la sérénité :** poser des questions à votre ange gardien peut être un moyen de trouver la paix et la sérénité lorsque vous êtes confronté à des situations difficiles ou à des choix complexes. Vous obtiendrez aussi du réconfort et des encouragements dans les moments de tristesse ou de découragement ;
- **pour développer votre foi et votre confiance en vous et en l'univers :** en posant des questions, vous pouvez renforcer votre foi et votre confiance en l'univers et en vos propres capacités *via* l'expérience que vous vivez ;
- **pour élargir votre propre perception :** en posant des questions à votre ange gardien, il se peut que vous soyez inspiré, que votre vision et compréhension s'élargissent dans les moments de doute ou de décision difficile. Vous pourrez ainsi percevoir plus de solutions ou saisir les opportunités qui sont présentes ;
- **pour mettre du sens aux événements que vous vivez :** votre ange gardien vous aidera à mettre du sens à des événements difficiles ou mystérieux qui se peuvent se produire dans sa vie.

COMMENT POSER DES QUESTIONS ?

Il n'y a pas de bonnes ou de mauvaises façons de poser des questions à votre ange gardien. Il n'écoute pas vos mots comme nous pouvons le faire entre nous, êtres humains. Il se connecte à **la fréquence vibratoire de votre question**, il sait donc exactement ce que vous voulez dire avec la plus grande justesse. Comme je l'ai déjà précisé, nous sommes des êtres spirituels incarnés dans la matière, nous avons besoin de méthode pour dompter notre ego qui est parfois un frein dans notre façon d'exprimer les choses. C'est pour cette raison que je vous donne les quelques conseils suivants.

- **Préparez-vous mentalement et émotionnellement :** prenez le temps de vous recentrer et de vous connecter à votre espace intérieur avant de commencer. Vous pouvez combiner cette technique avec celle de la méditation pour vous calmer et vous ouvrir à l'énergie de votre ange gardien.
- **Formulez votre question de manière précise et positive :** évitez de poser des questions qui commencent par : « Pourquoi » ou : « Comment », qui peuvent être compliquées, préférez des questions commençant par : « Qu'est-ce que je peux faire pour... ? » ou bien : « Quelle est la prochaine étape à suivre en ce qui concerne... ? »
- **Lorsque vous demandez de l'aide et une guidance, laissez de l'espace à la libre volonté :** votre ange gardien ne peut pas agir à votre place et ne peut pas forcer les choses à se passer comme vous le souhaitez. Faites confiance à son amour et à sa sagesse, et laissez-lui la liberté de vous apporter les réponses et la guidance qu'il juge les plus justes pour vous.

Vous pouvez toujours choisir de n'en faire qu'à votre tête par la suite, mais donnez-vous au moins l'opportunité de recevoir les réponses avec justesse.

À présent, je vais insister sur trois points importants :

1. **Soyez réceptif aux réponses.** Vous pouvez obtenir certaines réponses immédiatement et d'autres des mois plus tard. Sachez que vous recevrez toujours les réponses au moment le plus propice pour vous, et non quand vous estimez que cela est nécessaire. Il n'est pas toujours facile de patienter lorsqu'on a ce sentiment d'urgence, mais je vous assure, avec plus de trente-cinq ans d'expérience, que les réponses arrivent toujours exactement quand il le faut. Donc si vous n'avez pas obtenu de réponse, faites ce qui est en votre pouvoir dans l'instant présent et gardez confiance. Lorsque vous aurez besoin d'une information spécifique, vous l'obtiendrez si vous êtes attentif. Généralement, les anges gardiens ont tendance à transmettre une information jusqu'à trois fois pour bien attirer notre attention.

2. **Soyez ouvert et accueillez positivement les messages que vous recevez.** Si vous avez déjà dans votre tête le type de réponses que vous souhaitez obtenir ou si, par exemple, vous refaites un tirage de cartes parce que la réponse reçue ne vous a pas plu, vous n'êtes clairement pas ouvert à la guidance de votre ange gardien. C'est votre ego qui a pris le

contrôle. Dans ce cas, je ne peux que vous recommander de reformuler votre demande. Faites-lui savoir que vous avez conscience que vous cherchez à contrôler ou manipuler la situation et de ce fait, vous avez besoin qu'il vous aide à accepter ce qu'il y a de mieux pour vous au lieu de vouloir contrôler. Autrement dit, soyez disposé à accepter les réponses que vous obtenez, même si elles ne sont pas celles que vous attendiez. Encore une fois, cela ne veut pas dire que vous êtes obligé de suivre ce qui vous est recommandé. Mais au moins, vous faites vos choix en conscience et non pas en étant dans le déni ou dans les faux-semblants. Vous êtes honnête avec vous-même sur le fait que vous souhaitez suivre une route différente de celle conseillée par votre ange gardien. Il ne vous en voudra pas, il sait que c'est votre histoire et votre expérience, et il le respecte.

3. **Soyez attentif à tout ce qui se passe autour de vous et en vous.** En effet, votre ange gardien peut entrer en communication avec vous de diverses manières, par des signes, des synchronicités, des rêves, etc. (pour en savoir plus, voir page 52).

QUELS TYPES DE QUESTIONS PEUT-ON POSER ?

Préférez les questions en lien avec votre évolution spirituelle. S'il est vrai que toute notre expérience sur terre est une expérience spirituelle, même le lien à l'argent, la relation de couple, l'amour de soi, l'aide à l'autre, etc., il y a une différence entre demander « Comment puis-je reconquérir l'amour de X ? » (qui est une question qui vient de l'ego qui veut contrôler) et « Quelle est ma prochaine étape afin d'expérimenter une relation sentimentale harmonieuse ? » (qui provient d'une envie d'évoluer et de faire une expérience agréable pour soi et dans le respect et les besoins de l'autre - on accepte dans ces conditions que cela puisse être avec la personne que l'on a en tête ou toute autre personne).

Vous pouvez poser toutes sortes de questions à votre ange gardien, pourvu que vous les formuliez de manière **positive et ouverte**. Voici quelques exemples :

- Quelle est ma mission de vie dans le présent (car nous n'avons pas qu'une mission de vie et la mission de vie n'est pas forcément en lien avec notre carrière comme on le pense souvent) ? Quels sont les premiers pas que je peux faire afin de la réaliser ?
- Quelle est la prochaine étape à suivre dans mon parcours de vie ?
- Quel travail intérieur me serait nécessaire actuellement pour mon évolution ?
- Comment puis-je trouver la paix intérieure et la sérénité ?
- Comment puis-je être plus à l'écoute de mon âme ?
- Que puis-je faire pour améliorer ma relation avec les autres ?

- Quels sont les outils les plus appropriés pour prendre soin de ma santé et de mon bien-être physique ?
- Que puis-je apprendre de cette situation difficile ?

En résumé

Il est important de formuler vos questions de manière ouverte et positive, et de ne pas demander à votre ange gardien de faire quelque chose à votre place ou de lui demander de faire en sorte que les choses se passent comme vous le souhaitez.

Vous pouvez toujours le lui demander si vous voulez essayer, mais vous n'obtiendrez pas de retour favorable de sa part parce qu'il respecte les lois de l'univers. Si ce que vous demandez n'est pas pour votre bien-être ou celui d'autrui, il n'interviendra pas. De plus, en persistant dans ce type de demande, vous risquez d'attirer des énergies de basses fréquences, puisque vous vibrez vous-même à une basse fréquence. Les réponses que vous pourriez obtenir dans ce type de circonstances seraient donc au niveau de l'ego. Souvent, quand c'est le cas, vous ressentez une satisfaction personnelle sur le moment, mais davantage de problèmes sur le long terme. Faites confiance à l'amour et à la sagesse de votre ange gardien. Laissez-lui la liberté de vous apporter une guidance qui vous sera bénéfique.

Comment notre ange gardien entre-t-il en communication avec nous ?

Comme je vous l'ai dit précédemment, votre ange gardien peut communiquer avec vous de différentes manières. Pour cette raison, il peut être difficile de reconnaître ses réponses au milieu de toutes les distractions et l'agitation de la vie quotidienne. Dans les pages qui suivent, je vous partage plusieurs moyens que les anges utilisent afin de vous guider dans votre évolution.

Par la musique

C'est sans doute leur moyen de communication préféré. Ils me font sentir qu'ils sont dans une joie immense lorsqu'ils entrent en communication avec nous *via* la musique. Cela peut être les bruits de la nature, des carillons ou toute autre forme de musique. Du temps où ma mère devait retourner dans le monde de l'éther, mon ange gardien faisait chanter tous les carillons qui se trouvaient sur mon chemin pendant plusieurs semaines. Peu importe où j'allais et même s'il n'y avait pas de vent. Je dois avouer que c'était très réconfortant. Autre exemple : vous vous réveillez avec une musique précise dans la tête, souvent quelque chose que vous n'avez pas entendu depuis des mois, voire des années. Parfois, vous avez une question en tête et vous en obtenez la réponse grâce à une chanson qui tourne en boucle dans votre tête ou à travers un outil technologique (le téléphone ou la radio

qui se met à jouer une musique spécifique alors que vous êtes en mode silencieux ou que vous n'avez pas touché votre téléphone).
Votre ange gardien peut aussi vous aider à augmenter votre taux vibratoire en vous mettant une chanson dans la tête. Ainsi, la chanson *Y a d'la joie* de Charles Trenet est très spéciale pour moi car mon ange gardien me l'a mise dans la tête alors que je traversais une période difficile et j'allais beaucoup mieux seulement deux jours après. Je peux littéralement dire que l'impossible était soudainement devenu possible. J'ai écouté sa guidance qui était d'avoir de la joie. D'ailleurs, c'est un secret puissant que vous pouvez utiliser dans votre quotidien.

Dans le royaume angélique, la musique est omniprésente. C'est donc un moyen de communication que les anges aiment particulièrement.

Enfin, peu importe la langue de la chanson, si elle sort vraiment de nulle part ou si elle se répète trois fois d'affilée, recherchez la traduction des paroles. En effet, la langue n'est un frein qu'au niveau de notre conscience terrestre ; notre âme, au contraire, comprend toutes les langues, ainsi que notre ange gardien puisque leur langage est celui de la fréquence vibratoire.

Via autrui

Comme je vous l'ai dit dès le début de ce livre, les anges sont passés par Karine pour me conforter dans l'idée d'écrire ce livre et je suis également leur intermédiaire pour transmettre leurs messages afin que vous en sachiez plus à leur sujet. Et ils en font de même avec tous les autres channels. C'est comme la fois où cet homme m'a dit : « Soyez dans la joie » et que j'ai eu la chanson de Charles Trenet dans la tête juste après. J'ai tout de suite su que c'était mon ange gardien qui m'apportait l'amour et la guidance dont j'avais besoin. Je ne lui avais pourtant rien demandé, mais il fallait que les choses changent et il m'a donné un gros coup de pouce ce jour-là. Cet homme, dont j'ai seulement croisé la route (moins d'une minute), juste le temps de me dire cette phrase, a littéralement changé ma vie.

Les anges peuvent aussi utiliser **les animaux**, pour vous aider à vous déconnecter du monde matériel et revenir à quelque chose de plus léger, être plus en connexion avec vous-même. Les animaux ont un don pour cela, notamment lorsqu'ils jouent avec nous. Dans ce genre de cas, votre animal peut insister lourdement pour attirer votre attention. Surtout, écoutez-le et allez vous amuser avec lui. Vous gagnerez tellement en clarté ensuite.

Je ne peux pas vous donner tous les exemples qui existent, mais je pense que vous avez compris le principe. Vous pouvez vous apercevoir que ce type d'intervention est vraiment vaste. Ce type de communication ne peut être perçu que si l'on est observateur, attentif et dans l'instant présent.

Par les synchronicités

Votre ange gardien utilise beaucoup les synchronicités pour vous montrer que vous êtes sur la bonne voie. C'est une façon de vous encourager et de vous rassurer, de recevoir des réponses à vos questions ou de comprendre les leçons que vous êtes censés apprendre dans la vie.

Les synchronicités sont considérées comme **des coïncidences qui semblent être liées de manière significative, mais qui n'ont pas de cause apparente.** Elles peuvent prendre différentes formes, comme des événements qui se produisent en même temps de manière inattendue, ou des rencontres avec des personnes ou des situations qui semblent être liées de manière significative à votre vie. Je vous ai donné l'exemple de cet homme qui m'a dit cette phrase spécifique « Soyez dans la joie », puis dans la seconde qui a suivi la chanson *Y a d'la joie* est venue de nulle part dans ma tête. C'est le genre de synchronicité qui peut être orchestré par votre ange gardien. Il peut utiliser une combinaison de plusieurs moyens de communication que je vous présente dans ce chapitre. Pour vous donner un autre exemple, imaginez que vous entendiez une personne parler d'un livre spécifique dans la rue. Puis, plus tard dans la journée, un ami vous recommande de lire ce même livre. Pour finir, le soir, en allant sur votre réseau social préféré, vous tombez sur une publicité qui parle de ce livre.

Les synchronicités ne sont pas toujours faciles à décoder et il peut être utile de prendre du recul pour se poser des questions et en comprendre le sens. Demandez-vous ce qu'elles pourraient signifier pour vous et comment elles peuvent vous aider à avancer sur votre chemin de vie. Si vous êtes observateur, ouvert et réceptif, vous pourriez être étonné de constater le nombre de synchronicités qui se présentent dans votre vie. D'ailleurs, je vous recommande de faire une pause, maintenant. Posez votre livre et prenez un journal ou un cahier afin de faire un tour d'horizon sur des périodes spécifiques de votre vie (surtout lorsque vous aviez des choix importants à faire). Passez ces périodes en revue et voyez s'il n'y avait pas de synchronicité vous orientant sur la bonne voie. Pour vous donner un autre exemple, quand j'avais décidé de faire l'expérience de vivre à l'étranger, j'ai choisi le Canada, mais n'ayant jamais visité le pays, je ne savais pas quelle ville choisir. J'hésitais entre la capitale, Ottawa, et Vancouver. Étrangement, j'ai commencé à rencontrer énormément de personnes habitant ou ayant vécu à Toronto. Même à l'aéroport de Barcelone, je me suis retrouvée « par hasard » à échanger avec une femme qui prenait l'avion pour Toronto. Je peux vous dire qu'elle a passé toute la discussion à me vendre la ville et le Canada. Elle-même était une expatriée. C'est ainsi que j'ai opté pour cette ville dans laquelle je vis désormais depuis plus de dix ans, et ce fut le meilleur choix pour moi.

Avez-vous déjà vécu des synchronicités ? Les avez-vous suivies ou non ? Quelles en ont été les résultats ? C'est un exercice important car il vous aide à être bien plus conscient de la manière dont les choses se présentent à vous et se manifestent dans votre vie. C'est de cette façon que vous pouvez construire votre propre langage avec votre âme, votre ange gardien et même avec vos guides spirituels.

Votre ange gardien peut également se manifester à travers des messages qui se répètent (souvent jusqu'à trois fois sur une période relativement courte – soit dans la même journée, soit sur une durée de trois ou quatre jours). Dans la mesure où il souhaite attirer votre attention, les événements sont souvent très rapides et les situations vous sembleront étranges, comme les exemples mentionnés plus haut. Je vous recommande d'être attentif à ces petits indices dans le présent, d'en prendre note et de prendre le temps de les interpréter. Puis prenez comme référence vos notes en lien avec l'exercice de vos expériences passées afin de voir s'il n'y a pas une forme de langage spécifique qui ressort. Par exemple, l'apparition de plumes à chaque fois que vous vous demandez si vous êtes sur le bon chemin. Cela peut être votre signe spécifique que vous recevez à chaque fois, même lorsque vous ne demandez rien à votre ange gardien.

Note importante au sujet des synchronicités

Il est essentiel de ne pas chercher des synchronicités où il n'y en a pas. Autrement dit, n'en faites pas une obsession. Elles peuvent être un outil utile pour vous aider dans votre cheminement personnel et spirituel, mais elles ne doivent pas remplacer votre propre jugement et votre propre intuition. Votre ego a la possibilité, tout comme votre conscience supérieure, de matérialiser des choses dans le monde physique. Cependant, il est rare d'avoir de fausses synchronicités (dû au fait de leur niveau de complexité) comparé aux faux signes qui peuvent être faux plus fréquemment.

Avec les signes

Les signes sont des messages ou des confirmations de la part de votre ange gardien, votre âme ou vos guides spirituels afin de vous donner des indices, une guidance par rapport à des interrogations que vous pouvez avoir. Cela peut être des petits détails ou des coïncidences qui semblent trop étranges pour être le fruit du hasard. Il est important de noter que les signes ne sont pas toujours faciles à interpréter et que leur signification peut varier d'une personne à l'autre. Il est donc important de faire confiance à votre intuition et à votre guidance intérieure pour comprendre leur message.

Les signes peuvent être des pensées qui vous viennent à l'esprit, des rêves qui vous semblent significatifs, des conversations, la répétition de chiffres (comme 111, 222, etc.), les heures miroir ou encore des rencontres qui semblent coordonnées de manière étrange, ou des coïncidences qui vous laissent perplexe. Pour recevoir les signes, il vous suffit de vivre le plus souvent possible dans le présent, d'être observateur et attentif. Pour les interpréter, il faut être ouvert d'esprit, dans le non-jugement, ne pas avoir d'attente particulière et vous demander en premier lieu : « Qu'est-ce que cela signifie pour moi ? » (Qu'est-ce qui vous vient instantanément à l'esprit ?) Par exemple, j'étais en consultation avec une cliente lorsque j'ai eu le flash d'une carotte. Lorsque je lui ai demandé ce que cela signifie pour elle, elle m'a instantanément répondu que « les carottes rendent aimable ». Elle a immédiatement interprété cela comme une recommandation de faire preuve de plus de bienveillance envers elle-même. Il peut arriver que vous n'ayez pas de signification personnelle pour les signes que vous recevez. Dans ce cas, vous pouvez vous diriger vers ce qui se dit dans la conscience collective. Dans l'exemple de la carotte, dans la conscience collective, cela peut être en lien avec les vitamines dont une personne pourrait avoir besoin, la sexualité ou l'abondance.

Si vous avez un doute quant à l'interprétation d'une image, vous pouvez demander explicitement des signes spécifiques comme je l'explique à la page 47.

LES FAUX SIGNES

Attention, votre ego peut lui-aussi créer des signes. Cela arrive souvent lorsque vous cherchez à contrôler une situation, quand vous voulez qu'une seule forme de résultat et que vous n'êtes pas ouvert au fait que l'univers a peut-être mieux à vous proposer. Dans ce genre de situation, vous pouvez voir des signes qui vont vous encourager dans le sens que vous voulez, ce qui vous mène vers un chemin qui n'est pas le meilleur pour vous. Donc lorsque vous avez une forte envie de recevoir une réponse précise, lâchez prise et travaillez plutôt sur la foi avant de demander d'autres signes. Vous pouvez avoir le même phénomène avec les heures miroir. Lorsque l'on connaît le fonctionnement de son corps, il est facile d'avoir conscience que l'on peut autoprogrammer son corps pour regarder le réveil, le téléphone, à une heure miroir que l'on souhaite recevoir. Pour vous assurer qu'il s'agit bien d'un signe lorsque vous voyez des heures miroir, demandez confirmation d'une autre façon. Votre ange gardien n'a aucune limite quant à la manipulation de la matière, vous pourrez alors voir ces heures dans d'autres situations sur lesquelles vous n'avez pas de contrôle, sur votre ticket de caisse où vous avez payé 11,11 euros ou en recevant un e-mail à 11 h 11 précises par exemple. Je sais que beaucoup de personnes n'aiment pas entendre ce genre d'avertissement sur les faux signes, et souvent ce sont ces mêmes personnes qui prétendent que la communication angélique ne fonctionne pas, alors qu'elles ne veulent pas voir qu'elles cherchaient à manipuler la situation.

Si vous souhaitez recevoir de vrais messages et de vraies guidances, gardez l'esprit ouvert. Et si vous sentez que vous cherchez à contrôler la situation, demandez-vous pourquoi vous avez ce besoin, de quoi avez-vous peur ? Pourquoi ne faites-vous pas confiance à votre âme et votre ange gardien ?

Vous pouvez avoir l'impression de ne pas recevoir de signe et cela peut être dû au fait que vous ne cultivez pas votre désir de recevoir des signes dans votre quotidien, c'est un point de départ précieux. L'autre raison peut être vos attentes qui vous aveuglent ou le fait d'avoir une certaine appréhension quant aux réponses. Lorsque vous demandez un signe à votre ange gardien pour donner suite à une question importante pour vous, sachez que celui-ci prend en note vos appréhensions également. Il vous répondra toujours de la façon la plus appropriée pour votre bien-être. N'oubliez pas que, en fin de compte, il vous aime et ne veut que votre bien.

SIGNIFICATION DE SIGNES COMMUNS

Comme je vous l'ai dit, l'interprétation des signes est avant tout personnelle. Cependant, nous avons un dictionnaire commun dans la conscience collective. Je vous communique la signification de quelques signes communs. Ils ont le même symbolisme que vous les voyiez lors d'une méditation, de rêves ou dans le monde physique.

La signification des nombres d'anges

- **Le nombre 111 :** ce nombre est considéré comme un signe de paix et d'harmonie, indiquant que les choses sont en train de s'aligner pour vous et que vous devriez avoir confiance en l'univers. Il faut prêter attention à vos pensées et persévérer dans vos actions ;
- **le nombre 222 :** ce nombre est un message d'encouragement de la part des anges, indiquant que vous êtes sur la bonne voie et que vous devriez continuer à avancer ;
- **le nombre 333 :** ce nombre est considéré comme un signe de la présence des maîtres ascensionnés et des anges à vos côtés. Ils vous envoient leur amour et leur soutien ;
- **le nombre 444 :** ce nombre est un signe de protection et de guidance de la part des anges, indiquant qu'ils sont avec vous et veillent sur vous ;
- **le nombre 555 :** ce nombre représente le changement et les nouveaux départs. Il indique également que de nouvelles opportunités et aventures sont sur le point de se présenter à vous ;
- **le nombre 666 :** ce nombre est un avertissement de ne pas être trop attaché aux choses matérielles ou à l'ego. Il faut faire attention à son ego qui prend le dessus ;

- **le nombre 777 :** ce nombre est un signe de chance et de manifestation de vos souhaits, indiquant que vos prières et vos désirs sont sur le point de se réaliser ;
- **le nombre 888 :** ce nombre est le signe de l'abondance, indiquant que l'univers vous envoie des occasions et des bénédictions en abondance ;
- **le nombre 999 :** ce nombre est un signe de fin de cycle et de réalisation de vos buts, indiquant que vous avez accompli ce que vous étiez censé faire et que vous êtes prêt à passer à une nouvelle étape de votre vie ;
- **le nombre 000 :** ce nombre est le signe de l'infini et de la divinité, indiquant que vous êtes connecté à l'univers et à la source de toute chose.

Les objets et les symboles

- **La plume** est le symbole de la lumière, l'ascension et la présence de votre ange gardien, cela peut être aussi un moyen de vous encourager dans ce que vous faites ou le chemin que vous avez choisi ;
- **le soleil** est le symbole de la lumière, de la chaleur et de la vie. C'est un encouragement à être davantage dans son pouvoir personnel ;
- **la lune** est le symbole de l'intuition, de l'émotion et de la féminité. Elle représente les cycles de la vie et le changement ;

- **l'ancre** est le symbole de la stabilité, de la force et de la sécurité. Ce signe représente aussi l'espoir et la foi ;
- **la flèche** est le symbole de la direction, de la force et de la détermination. Elle vous montre le chemin à suivre. Elle peut également vous informer que vous êtes protégé ;
- **le cœur** est le symbole de l'amour, de la passion et de l'émotion. Ce signe peut aussi vous inviter à avoir plus de compassion et de bonté ;
- **le crâne** est le symbole de la mort, de la transformation et de la renaissance. Ce signe peut vous suggérer d'utiliser votre sagesse, votre intelligence et vos connaissances ;
- **l'arbre de vie** est le symbole de la vie, de la croissance et de l'unité. Ce signe peut aussi vous inviter à vous concentrer sur l'équilibre et votre connexion avec les êtres de lumière ;
- **la rose** est le symbole de l'amour, de la passion et de la beauté. Ce signe peut aussi vous indiquer de faire ce qui vous passionne, ou encore que vous allez vivre une transformation ou une croissance dans votre vie ;
- **le dragon** est le symbole de la force, de la protection et de la sagesse. Ceci peut aussi signifier que vous êtes dans une phase de transformation et de guérison.

Les animaux

- **Le loup** représente la loyauté, la protection et l'instinct. Il peut également représenter la communication et la connexion avec les autres ;
- **l'aigle** représente la liberté, la vision, la perspicacité, la force et la puissance ;
- **le tigre** représente la force, la puissance et la détermination. Il peut également symboliser la protection et la guérison ;
- **le lynx** représente la perception, la discrétion, l'intuition, ainsi que la connexion avec la nature et l'esprit des animaux ;
- **le serpent** représente la transformation, la sagesse, la guérison, la protection et la connexion avec Gaïa ;
- **le cerf** représente la grâce, la délicatesse, la sensibilité, la croissance et la connexion avec les élémentaux[4] ;
- **le dauphin** représente la communication, l'intuition, le jeu, la guérison, la connexion avec les éléments aquatiques, la paix et l'harmonie ;
- **le faucon** représente la perspicacité, la clairvoyance, la liberté et la force ;

4. Les élémentaux sont les esprits de la nature en charge de protéger et de maintenir l'équilibre de la nature.

- **l'ours** représente la force, la protection, la guérison et la sagesse ;
- **le hibou** représente la sagesse, la perception, la clairvoyance et la connexion avec les esprits ;
- **le renard** représente l'intelligence, la ruse et de la discrétion, la connexion avec la nature et les forces de la terre ;
- **le chat** représente l'indépendance, la grâce, le lâcher-prise et l'art de savoir vivre ;
- **le lièvre** représente la rapidité, la vitesse, l'agilité, la timidité et la discrétion ;
- **la grenouille** représente la transformation, la croissance, la renaissance, les sens extrasensoriels, la guérison et l'abondance ;
- **le corbeau** représente la transformation, la communication, l'intuition, la sagesse et la connexion avec le monde des esprits ;
- **le crabe** représente la protection, la défense, la stabilité, la loyauté et la fidélité ;
- **le lion** représente la force, la puissance, la royauté, la sagesse et la protection ;
- **le chien** représente la loyauté, la protection, la fiabilité, la connexion avec les autres et la communication ;

- **le coq** représente l'éveil, la vigilance, la protection, la détermination et la force de caractère ;
- **le hérisson** représente la protection, la stabilité, la loyauté et la fidélité ;
- **le singe** représente la curiosité, l'intelligence, l'agilité, la communication et la connexion avec autrui.

À travers les messages du corps

Soyez réceptif aux messages de votre corps car celui-ci est votre outil de communication le plus précieux. Votre ange gardien peut l'utiliser pour vous passer des messages sous certaines formes, par exemple :

- **des sensations physiques** (comme de la chaleur, des picotements, des frissons, etc.). Par exemple, une sensation de pulsation au niveau du 3e œil ou dans le chakra du cœur lorsque vous posez une question peut éventuellement indiquer que vous devez être à l'écoute de votre intuition (3e œil) ou être plus dans le cœur ou à l'écoute de ce qui est important pour vous (chakra du cœur) ;
- **des maux** qui viennent attirer votre attention sur quelque chose de spécifique. Par exemple, vous avez mal à la tête chaque fois que vous êtes confronté à une situation difficile, ou bien vous avez des crampes

d'estomac lorsque vous devez aller quelque part ou rencontrer certaines personnes ;

- **vous pouvez aussi ressentir des émotions** comme le sentiment d'être enveloppé d'amour, de joie ou de paix.

À travers les rêves

Votre ange gardien peut vous transmettre des messages par le canal des rêves. Le monde onirique est un monde riche et complexe. Ce moyen de communication est l'un des plus faciles puisque l'ego est comme endormi lui aussi. C'est aussi un moyen de communication complexe puisqu'il faut déchiffrer les messages qui ne sont pas toujours d'une grande évidence, en plus de savoir quel était le type de rêve que vous avez fait (rêve symbolique, rêve prémonitoire, rêve lucide, voyage astral, etc.) Outre votre ange gardien, vos guides et même vos êtres chers disparus peuvent utiliser ce biais pour entrer en contact avec vous.

Avant d'aller dormir, vous pouvez demander à votre ange gardien de vous guider au sujet d'une situation précise. Je vous conseille la méthodologie qui suit (vous pouvez d'ailleurs l'ajouter à votre routine du soir si elle vous convient).

ÉTAPE 1 : LA DEMANDE

Faites plusieurs respirations conscientes afin de vous ramener au présent et vous aider à vous détendre complètement. Dans un second temps, formulez votre demande spécifique par écrit, dans votre journal des rêves. Par exemple :
« Mon ange gardien, je te remercie d'intervenir dans mon rêve ce soir afin d'avoir une guidance au sujet de [*nommer la situation*]. Je te demande de faire en sorte que mon rêve soit clair et limpide pour que je puisse le décoder avec aisance. Je demande que ce rêve se fasse au petit matin, juste avant mon heure habituelle de réveil, afin d'avoir une nuit réparatrice. Je te remercie pour ton intervention et ton aide. »

Prenez le temps de bien ressentir ce que vous écrivez. Faites cela juste avant d'éteindre la lumière. Idéalement, cela doit être votre dernière pensée avant de vous endormir.
Au réveil, écrivez immédiatement tout ce dont vous vous rappelez ainsi que les sentiments que vous avez ressentis pendant le rêve et au réveil. Si vous avez du mal à vous en souvenir, répétez plusieurs fois :
« Je me souviens de mon rêve, je me souviens de tous les détails importants de mon rêve tout de suite et tout au long de la journée. »
Puis lâchez prise, vous aurez en principe des événements qui vous aideront à vous souvenir de votre rêve. Surtout, ne laissez pas la frustration vous envahir car c'est la meilleure façon pour que vous ne vous en rappeliez jamais.

Si vous n'avez pas la sensation d'avoir rêvé, répétez le processus encore et encore jusqu'à ce que vous ayez conscience d'avoir rêvé. Je peux vous assurer que cela fonctionne, c'est une méthode que j'ai donnée à des personnes qui ne se souvenaient jamais de leurs rêves, et ils ont alors commencé à s'en souvenir.

ÉTAPE 2 : L'INTERPRÉTATION

L'étape suivante consiste à analyser votre rêve. Posez-vous les questions suivantes :

- Qu'est-ce que cela évoque pour moi ?
- Un souvenir, une expérience passée ?
- Quels sont les premiers mots ou les premières idées qui me viennent à l'esprit ?
- Qu'est-ce qui a le plus attiré mon attention dans le rêve et pourquoi ?

Si rien ne vous vient naturellement, vous pouvez toujours consulter un dictionnaire de rêves qui donne des pistes pour interpréter les symboles les plus communs.

Faites toujours confiance à votre intuition : votre ange gardien est là pour vous guider et vous aider à vous connecter à votre guidance intérieure.

Par une intervention fulgurante

Votre ange gardien peut vous parler à haute voix dans certains cas extrêmes, notamment si vous êtes en danger. Vous pouvez par exemple entendre « quelqu'un » hurler votre prénom alors qu'il n'y a personne autour de vous et vous rendre compte dans la seconde qui suit que vous avez évité de justesse un accident.

Votre ange gardien peut également prendre la forme d'une apparition. Par exemple, un inconnu vient vous prêter main-forte dans une situation délicate. Plus tard, quand vous cherchez à le contacter pour le remercier de son aide, vous découvrez qu'il n'existe pas et que personne ne l'a jamais vu. Vous êtes la seule personne pouvant témoigner de son existence. Votre ange gardien s'est matérialisé temporairement pour vous aider sous l'apparence humaine puisque cela fait beaucoup plus de sens pour vous.

3.

RENCONTRER SON ANGE GARDIEN

Pour toutes les pratiques dont je vais vous parler dans les pages qui suivent, il est nécessaire que vous soyez dans **un état de calme intérieur** puisque votre corps sera votre outil d'interprétation.

Pour cela, observez ce que vous ressentez dans chaque partie de votre corps. Prenez conscience des sensations existantes dans l'instant présent (froid, chaud, inconfort, agitation, picotements, etc.). Ensuite, observez simplement votre corps jusqu'à ce qu'il soit stable et homogène dans vos sensations. J'insiste bien : **vous n'avez rien à faire à part observer et être patient**. Une fois que votre corps est homogène, vous pouvez tester les différentes techniques.

Exercice préparatoire

Si vos croyances sont toujours fortement dualistiques (c'est-à-dire que vous avez la forte croyance anges/démons), je vous recommande de pratiquer le rituel que je décris dans cet encadré. Les personnes qui savent, dans leur cœur, que la dualité n'est qu'une illusion n'ont pas besoin de passer par cette étape, vous pouvez tester les différentes méthodes de la page 79 à 82.

Pour les autres, voici le rituel : une fois que vous avez trouvé l'homogénéité dans votre corps physique, prenez le temps de vous entourer de lumière blanche ou dorée (selon votre ressenti du moment). Vous pouvez visualiser cette lumière encerclant complètement votre aura. Ensuite, demandez à la conscience ultime (que vous l'appeliez Dieu, Allah, l'univers, le divin, peu importe votre préférence) que seul votre ange gardien aura la capacité de communiquer avec vous durant la période de votre expérience. Avant de poursuivre, attendez de ressentir un sentiment de paix, de sérénité et de protection tout autour de vous. Une fois que vous vous sentez prêt, vous pouvez tester les différentes techniques.

Ces méthodes peuvent fonctionner dès la première fois ou non. Si vous n'obtenez pas de résultat dans l'immédiat, persévérez. Après tout, vous n'êtes pas né en sachant lire, écrire, marcher et parler. Il vous a bien fallu persévérer afin d'être capable d'en arriver à ce stade. Et je suis sûre que vous êtes heureux d'avoir ces habiletés. Il en est de même pour tout dans la vie, ne laissez pas votre ego avoir le meilleur de vous.

Ressentir physiquement son ange gardien

Placez vos deux mains paumes vers le ciel, comme si vous attendez que l'on pose quelque chose dessus. Assurez-vous d'être à l'aise. Pour ce faire, vous pouvez poser vos coudes sur un appui. Puis dites à votre ange gardien :
« Mon ange gardien, j'aimerais pouvoir sentir ta présence physiquement, merci de me toucher une main. »

Prêtez attention à ce que vous ressentez dans chaque main. Normalement, vous devriez sentir une différence dans l'une des deux (lourdeur, chaleur, frissons, etc.), ou des frissons sur une partie ou tout votre corps.

Vous pouvez faire cette même demande en vous concentrant sur vos joues et voir si vous ressentez la caresse de votre ange gardien sur l'une d'elles.
Les anges gardiens me demandent d'ajouter que certaines personnes ne vont rien ressentir. Cependant, elles auront une ou des couleurs qui peuvent apparaître dans leur tête, donc prêtez attention à cela également.

Ressentir énergétiquement son ange gardien

Portez votre attention sur l'air autour de votre corps physique, prenez une note mentale de ce que vous ressentez autour de votre corps. En faisant cela, vous entrez en contact consciemment avec votre aura. Puis demandez à votre ange gardien de vous envelopper de son amour. Normalement, vous allez ressentir une différence. Soit autour de vous (il fera plus chaud par exemple) ou dans votre corps (des frissons, des larmes de joie, une musique dans la tête, etc.) ou émotionnellement (sentiment d'amour, de joie, de sérénité, etc.). Il se peut aussi que vous ayez des images ou couleurs furtives qui apparaissent.

Voir son ange gardien

Pour les moins peureux, vous pouvez avoir une matérialisation physique de votre ange gardien (apparition d'une plume instantanément dans un lieu clos, ou toute autre chose qui représente l'ange gardien pour vous, voire l'apparition de votre ange gardien, tout simplement). Ce qui peut prévenir la matérialisation, c'est la croyance que ce n'est pas possible.

Autres types de matérialisation de votre ange gardien : l'apparition d'un point lumineux de couleur blanche visible avec vos yeux physiques, l'apparition dans votre tête (ou physiquement) de votre ange sous la forme qui le représente. Dans la conscience collective occidentale, un ange prend souvent la forme d'un humain avec de grandes ailes blanches. Voici une méthode pour favoriser cette dernière. Avant de vous lancer, posez l'intention suivante :
« Cette méthode sera effectivement possible uniquement si cela est une bonne chose pour mon bien-être et celui de toutes les personnes qui peuvent être concernées de près ou de loin par cette expérience. »

Ensuite, positionnez vos mains face à face, écartées d'environ 20 cm. Imaginez entre vos mains une boule de lumière blanche. Vous pouvez bouger vos mains comme si vous étiez en train de pétrir une boule de pâte brisée. Pendant que vous bougez vos mains autour de cette boule de lumière, posez l'intention à l'intérieur de cette boule de lumière que vous êtes prêt à voir votre ange gardien, répétez cela plusieurs fois. Une fois que vous vous sentez prêt, portez cette boule de lumière entre vos deux sourcils et imaginez qu'elle pénètre votre front jusqu'à se placer sur votre glande pinéale. Ensuite, fermez les yeux et restez concentré sur ce que vous ressentez entre vos sourcils (votre 3e œil). Pour finir, demandez à votre ange gardien de vous apparaître sous la forme qui est en alignement avec vos croyances. Gardez les yeux fermés quelques minutes et, si vous ne voyez rien dans votre tête, ouvrez les yeux et voyez si vous avez une manifestation sous une forme ou une autre de votre ange gardien.

Avec votre ange gardien, vous avez toujours un sentiment de paix, de joie et d'amour qui s'installe en vous, même lorsque vous traversez des émotions négatives qui sont fortes. Vous allez sentir que les émotions négatives s'apaisent, voire s'inversent complètement. Je vous assure, c'est juste magique. Alors n'hésitez pas à appeler votre ange gardien dans ces moments-là également.

4.

L'ORACLE

Comment utiliser l'oracle ?

Avant toute chose, sachez que vous n'avez pas besoin de faire un rituel, une prière, ou une cérémonie pour l'occasion. **Vous n'avez pas besoin non plus d'être un expert ou d'avoir des pouvoirs magiques pour recevoir le parfait message pour vous.** Tout ce dont vous avez besoin, c'est d'être sincère dans votre désir d'évoluer, en plus d'être ouvert aux suggestions de votre ange gardien. Sachez que vous avez toujours votre libre arbitre, peu importe ce que dit votre ange gardien. De plus, gardez bien en tête que votre cheminement n'est pas une course. Vous pouvez y aller à votre rythme, le principal est de toujours donner le meilleur de vous-même dans tout ce que vous faites. Il ne s'agit pas de vous ajouter de nouvelles obligations ou du stress inutile. L'évolution spirituelle doit rester quelque chose d'amusant. Cela doit être un plus dans la vie et non une corvée.

N'oubliez pas que vous avez toute l'éternité pour évoluer. Inutile, donc, d'être dur et oppressant avec votre personne. Faire preuve d'amour et de bienveillance est essentiel pour votre cheminement. Cependant, aussi paradoxal que cela va vous sembler, nous avons parfois besoin de nous mettre un petit coup de pression lorsque l'ego est un frein et nous pousse à l'oisiveté alors que l'âme voudrait passer à l'action. Le tout est de trouver le juste milieu et vous savez lorsque l'un ou l'autre est nécessaire si vous êtes honnête avec vous-même.

Rien n'est tout noir ou tout blanc. Vous pouvez bien sûr faire un rituel au moment de tirer les cartes si cela vous met en joie. Il n'y a aucune obligation ni dans un sens, ni dans l'autre. Vos croyances et votre intuition priment. Les rituels aident à retrouver le calme intérieur, à **être aligné pour recevoir et entendre le message.** Sachez que vous ne pouvez pas mal agir quand il est question de vous préparer à recevoir un message de votre ange gardien à travers les cartes. Le principal, c'est que les rituels que vous choisissez de pratiquer vous permettent de vous centrer, dans la joie et la paix intérieure.

Voici quelques idées de rituels : faire une méditation, écouter une musique à haute vibration (sur des fréquences sacrées comme 432 Hz, 528 Hz ou encore des bruits de la nature, etc.), allumer une bougie, faire un rituel de fumigation avec de la sauge ou du palo santo, émettre une prière, etc. Ce qui est important, c'est que cela résonne avec vous. Je l'ai déjà dit plusieurs fois, mais il est vraiment important d'intégrer cette notion, donc je vous le répète : ce qui vous convient ne conviendra pas forcément à votre voisin ou votre partenaire, et *vice versa*. Il s'agit de votre relation avec votre ange gardien. Cette relation est unique et vous êtes la personne la mieux placée pour savoir comment doit être cette relation.

Après avoir fait le calme intérieur, vous pouvez **poser une question.** Le fait de poser une question (à haute voix, par écrit ou simplement dans votre tête) montre que vous êtes curieux, ouvert aux conseils de votre ange gardien et désireux

de devenir la meilleure version de vous-même. Cette question est un signal pour vous, votre ange gardien et le divin que vous désirez évoluer et vivre plus en conscience. Vous pouvez poser une question d'ordre général comme :
« Qu'est-ce qu'il m'est recommandé de travailler en ce moment ? »,
ou une question beaucoup plus spécifique comme :
« En quoi cette situation [*nommer la situation*] m'aide-t-elle à évoluer spirituellement ? »

Les différentes méthodes d'utilisation des cartes

Voici des méthodes que je peux vous recommander pour vous donner quelques idées. Vous pouvez toujours « inventer » vos propres méthodes, l'important est de choisir une méthode qui vous parle et de vous laisser guider par votre intuition lors du choix des cartes.

Tirage à une carte

Ce tirage simple et rapide permet de se concentrer sur un message précis. On tire une seule carte et on prend le temps d'intégrer le symbolisme de la carte et sa signification. Vous pouvez poser la question suivante tous les matins :
« Sur quoi dois-je porter mon attention aujourd'hui ? »
Puis mélangez les cartes et laissez une carte se présenter toute seule. Si aucune carte ne sort naturellement du

paquet, vous pouvez les étaler sur la table et en choisir une avec votre intuition. Si tirer les cartes au quotidien vous demande trop d'efforts, vous pouvez le faire tous les premiers du mois en posant la question :
« Sur quoi m'est-il recommandé de travailler ce mois-ci ? »

Tirage à deux cartes

Cette méthode consiste à tirer deux cartes et à les poser face cachée devant soi. La première carte représente ce qui est en cours d'apprentissage actuellement dans votre vie, et la seconde apporte un conseil pour vous aider à évoluer dans ce domaine.

Tirage à trois cartes

On tire trois cartes et on les dispose en ligne devant soi. C'est une méthode que vous pouvez utiliser occasionnellement seulement.

1. La première carte représente ce que vous n'avez pas réussi à transcender dans une ou plusieurs de vos vies passées, quelque chose que vous pouvez maîtriser dans votre vie actuelle.

2. La deuxième carte renvoie au présent ce que vous pouvez intégrer sur le mois jusqu'aux deux ans à venir si vous y travaillez avec assiduité.

3. La troisième carte représente une ou plusieurs de vos vies futures et ce sur quoi vous allez devoir travailler. Il ne tient qu'à vous de commencer dès maintenant si vous le souhaitez, ce qui déclenchera automatiquement un changement également de votre avenir dans une ou plusieurs de vos vies futures.

Tirage à quatre cartes

Tirez quatre cartes et disposez-les en forme de carré devant vous. Chaque carte représente un des quatre éléments (terre, feu, eau, air). Placez à votre gauche l'eau, qui représente les émotions, l'intuition et l'inconscient. En haut, l'élément terre, qui représente la stabilité, le monde matériel et le bien-être physique. Sur votre droite, l'élément air, qui représente l'intelligence, la communication et la connexion avec les autres. Et pour finir, l'élément feu en bas, qui représente l'énergie, la passion et la créativité. Chacune des cartes que vous aurez obtenues vous indiquera sur quoi prêter votre attention pour améliorer vos conditions en lien avec l'élément en question.

Terre

Air

Eau

Feu

***

N'oubliez pas de toujours **prendre des notes écrites de tous les messages que vous recevez.** Cela vous servira d'aide-mémoire, mais aussi d'indicateur pour suivre vos progrès. Notez la date du tirage, la ou les cartes que vous avez obtenues ainsi que vos impressions et réflexions. Ajoutez tout autre type de communication avec votre ange gardien qui viendrait s'ajouter aux cartes.

La description des cartes dans les pages qui suivent emploie le pronom « tu » car c'est la façon dont je ressentais l'énergie. L'utilisation du pronom « vous » sonnait complètement faux et, dans la mesure où je travaille avec les vibrations, je ne pouvais faire autrement. J'espère que vous comprendrez et ressentirez pourquoi.

TU ES UN CADEAU

Afin de mieux apprécier ce qui est autour de toi et en toi, il te faut reconnaître que tu es un cadeau, pour toi-même ainsi que pour les autres. Lorsque tu vibres à cette fréquence, la vie te récompense bien plus que tu ne peux l'imaginer. De plus, lorsque tu incarnes cette fréquence, il t'est beaucoup plus facile de ressentir ma présence à tes côtés.
Tu n'as pas besoin d'être parfait pour être un cadeau. Parce que tu existes, tu es déjà un cadeau. Tu as été créé pour une raison et tu es éternel, donc accepte d'être un cadeau dans toutes les formes que tu prends. Que tu sois incarné maintenant est donc un cadeau.

OUVRE TON CŒUR

Ton chakra du cœur est le pont entre le monde matériel et le monde immatériel, c'est pour cela qu'il est important de prêter attention à ce qu'il a à te dire, mais aussi être conscient des messages que tu passes à travers lui. Pour ouvrir ton cœur, je te recommande de te poser dans un lieu calme, de mettre une musique 528 Hz, le bruit de l'océan, le bruissement des feuilles ou d'observer le silence. Ensuite, place une main sur ton cœur, et l'autre main sur la première. Prends le temps de respirer en conscience et ralentis le rythme de ta respiration.

Une fois que tu te sens centré et présent, demande à ton cœur :
« Qu'est-ce que je n'entends pas et que tu essaies de me dire ? »
Attends la réponse. Prends note.

Puis pose la question suivante :
« Quelle vibration est-il bon d'émettre pour mon plus grand bien-être et celui de toutes les personnes qui croisent mon chemin » ?
À nouveau, prête attention à ce que tu reçois et prends note.

NAVIGUER DANS LES ÉMOTIONS

Si tes émotions te contrôlent, tu ne peux pas voir clairement. Lorsque les émotions prennent le dessus, il est difficile d'avancer et de prendre des décisions qui sont justes pour soi. Prends donc le temps d'écouter tes émotions, de les nommer, de les situer dans ton corps. Interroge-les sur ce qu'elles souhaitent te transmettre. Puis transmute-les et remercie-les de t'avoir aidé dans ton évolution. Les émotions qui ne sont pas bien gérées t'empêchent non seulement d'avancer sereinement, mais elles t'éloignent en plus de moi. C'est souvent pour cette raison qu'il t'est difficile de recevoir ma guidance. Si tu as besoin d'aide pour les transmuter, tu peux faire appel à moi, je t'aiderai avec tous les outils qui sont à ma disposition.

LA PRIÈRE ET LA FOI

La prière est un acte de foi et de confiance. Lorsque tu pries, il ne s'agit pas de supplier, bien au contraire. La prière est comme une lettre de gratitude, combinée à une reconnaissance de ta part pour ton aptitude de cocréateur. C'est aussi une manière de dire : « J'ai la foi que tout se passera de la meilleure manière possible pour toutes les personnes concernées par la situation. » Une prière vient du cœur et non de la tête. L'univers tout entier est en permanence à ton écoute lorsque tu communiques avec le cœur. Tu n'as pas besoin de rituel, à moins que cela ne te mette en joie. Tu n'as pas besoin de remplir des critères particuliers. Le plus important lorsque tu pries, ce sont tes pensées et ta sincérité.

NE TE LAISSE PAS SUBMERGER

Ralentis le rythme. Je te recommande de prendre le temps et de ralentir la cadence, de souffler et de prendre du recul. Dans ton monde moderne, tu es souvent très sollicité, que cela soit par les réseaux sociaux, la télévision et toute forme de média, sans compter le fait de travailler, la vie de famille, et toutes ces choses et intérêts qui te préoccupent. Tu ne peux rien voir venir si tu es tout le temps dans une course.
T'es-tu déjà demandé vers quoi tu cours ?
Pourquoi tu cours ?
Il te sera difficile de m'entendre ou d'entendre ton intuition si tu n'es pas présent.

En ce moment, le monde et les événements extérieurs te contrôlent. Réduis tes obligations, prends un temps de repos, des vacances, déconnecte-toi des réseaux sociaux pendant une semaine ou plus. Fais ce qui est nécessaire afin d'être plus connecté avec toi-même. Ton intuition (ton âme) et moi souhaitons que tu prêtes attention à nos messages.

LA CONFIANCE EN SOI

Souvent, les êtres humains souhaitent que les autres aient confiance en eux, ils recherchent l'estime de l'autre. Je t'adresse ce message aujourd'hui pour te dire que tu recherches trop souvent à être approuvé par le monde extérieur, dans l'espoir que cela t'aide à te faire confiance et à te sentir beaucoup plus méritant. Il te faut comprendre plusieurs choses. La confiance en soi n'est pas quelque chose que tu acquières pour toujours, chaque avancé dans ta vie spirituelle et matérielle te demandera de développer un nouveau niveau de confiance en toi. C'est comme pour vos cycles scolaires : lorsque les enfants arrivent au CP, ils doivent développer leur confiance en eux car ils ont beaucoup à apprendre et maîtriser, ce sont les petits de la section. Arrivés au CM2, ce sont les grands, ils ont beaucoup d'expérience. Pour cette raison, ils ont beaucoup plus confiance en eux. Ces mêmes enfants du CM2, une fois arrivé au collège, doivent de nouveaux apprendre à se faire confiance parce qu'ils sont les petits de la section et ils doivent comprendre les nouvelles règles et enjeux.

La confiance en soi, c'est croire en tes propres compétences et capacités, c'est te sentir bien dans ta peau. Avoir confiance en toi, c'est aussi trouver le courage d'essayer de nouvelles choses et de sortir de ta zone de confort. C'est le dépassement de soi, ne pas se croire limité. Tu dois te souvenir que la confiance en soi n'est pas une qualité innée chez tout le monde, et elle n'est jamais acquise pour toujours. Nous insistons sur ce dernier point, car nous constatons que ceci est souvent oublié par bons nombres d'entre vous.

Travaille ta confiance en toi, un pas après l'autre, et fais des affirmations ou de l'EFT[5] lorsque tu sens que ta confiance en toi te glisse entre les doigts.

5. L'EFT (*Emotional Freedom Techniques* ou techniques de liberté émotionnelle en français) est une méthode utilisée pour soulager des émotions négatives et les problèmes de santé physique en tapotant sur des points d'acupuncture spécifiques.

L'ÉPANOUISSEMENT

À chaque fois que tu suis ce que ton cœur (ton âme) t'indique et que tu te dépasses, malgré les obstacles et les embûches, tu gagnes non seulement en confiance et en estime de toi-même, mais tu atteins également une forme d'épanouissement qui suscite en toi un état de grâce et de paix. C'est ce que nous appelons l'accomplissement profond, il s'agit de la réalisation de toi-même. Lorsque tu es épanoui, tu te sens pleinement satisfait et réalisé. Aujourd'hui, je t'invite à te poser les questions suivantes :

« Quel est le message de mon cœur ?

Qu'est-ce que mon cœur souhaite accomplir dans l'ici et maintenant ? »

Sans plus tarder, passe à l'action et fais ce qui est à ta portée, dans l'instant présent. Pratique cela tous les jours pendant 30 jours d'affilée et tu verras combien ta vie sera transformée, non seulement sur le plan matériel, mais aussi sur le plan spirituel. Je souhaite rajouter une dernière chose à ce sujet : lorsque tu as ce sentiment d'épanouissement, c'est parce que tu as accompli une de tes missions de vie.

Petite précision

On m'a demandé d'intégrer la notion de printemps dans l'explication de cette carte sans plus d'explication. Je vous invite donc à vous poser les questions suivantes : que représente le printemps pour vous ? En quoi cela a-t-il un lien pour vous avec le message transmis par la suite ? Il est possible qu'à chaque fois que vous receviez cette carte, les réponses que vous obtenez au sujet du printemps soient totalement différentes.

JE SUIS LÀ

Dans tes moments de doutes et de peurs, rappelle-toi que je suis toujours là. Tu n'es jamais seul ou livré à toi-même. Pose ta main gauche sur ton chakra du thymus (le chakra du thymus se trouve à mi-chemin entre le chakra de la gorge et le chakra du cœur, exactement là où se trouve la glande du thymus), prends de profondes respirations et ralentis le rythme avec l'intention de te connecter à ta conscience supérieure. Laisse-toi aller et sois conscient de ton corps. Si tu reçois cette carte, c'est que tu es prêt, là, tout de suite, à ressentir ma présence et même celle de ton équipe de lumière.

Voilà la transcription exacte du message que j'ai reçu de la cohorte d'anges gardiens :

« Moi, ton ange gardien, je suis toujours là et je te soutiens en tout temps, je t'aime infiniment. Je suis à ton écoute. Laisse-moi prendre en main ce qui te préoccupe. Laisse-moi te montrer le chemin de la paix et l'harmonie en toi. Ferme les yeux, écoute et observe [*vous pouvez percevoir : des images, des couleurs, des sons, des sensations, des odeurs, etc. Pensez à prendre note à la fin de tout ce que vous aurez pu ressentir*]. Aie confiance, je suis là. Ressens ma présence. »

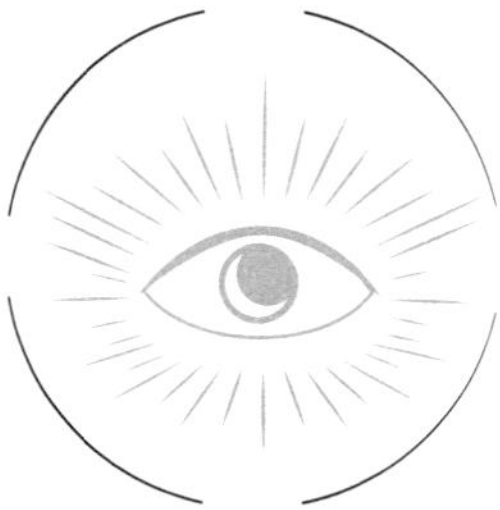

LA PROTECTION

Tu es protégé en tout temps et à toute heure dans la mesure du possible. Il y a des circonstances où tu peux te sentir en danger, menacé ou vulnérable, et je ne peux intervenir parce que ton libre arbitre est impliqué dans la situation. Mais tu peux demander mon aide, je suis toujours là, près de toi, et je ferai tout ce qu'il m'est possible de faire afin que tu te sentes de nouveau en sécurité et en paix.

Aussi, il est nécessaire que tu comprennes comment tu t'es mis dans ce genre de situation afin de mieux savoir te prévenir de situations qui te sont inconfortables. N'oublie pas que la vie est là pour toi et non pas le contraire. Tu es un être éternel et ton âme reste toujours pure, sans tache. Les parties de toi qui peuvent blesser et vivre l'inconfort sont ton corps et ta forme éthérique, laquelle contient une partie de ton ego. Ton âme et moi, nous sommes toujours là pour aider les autres parties de ton être à s'élever.

Tu peux avoir confiance sur le fait que tu es en sécurité, protégé et aimé. Tu peux continuer d'avancer en toute sérénité. Nous (ton âme et toi) nous organisons pour que les choses se passent dans la plus grande douceur pour toi.

OUVERTURE ET NOUVEL HORIZON

Les nouvelles opportunités peuvent être des expériences excitantes qui ouvrent vers de nouvelles possibilités et de nouveaux horizons. C'est un excellent moyen de sortir de ta zone de confort, de découvrir de nouvelles choses et de te développer en tant qu'individu. Voici mes recommandations pratiques pour laisser un nouvel horizon se profiler dans ta vie :

- **l'ouverture d'esprit :** sois prêt à essayer de nouvelles choses et à sortir de ta zone de confort. Cela peut t'aider à découvrir de nouvelles passions et à développer de nouvelles compétences ;
- **être proactif :** parfois, c'est à toi de partir à la recherche de nouvelles opportunités, de prendre l'initiative de provoquer la nouveauté dans ta vie. Si tu reçois cette carte et que rien ne se présente à toi, c'est que tu dois initier les choses. Tu peux t'inscrire à un nouveau club, te lancer dans un nouveau projet ou toute autre chose qui te passionne ;

- **être déterminé :** ne laisse pas les obstacles ou les doutes t'empêcher de saisir une nouvelle opportunité. Sois déterminé à atteindre tes objectifs ;
- **être flexible :** sois ouvert aux changements et aux ajustements qui peuvent être nécessaires pour saisir une nouvelle opportunité ;
- **être reconnaissant :** sois dans la gratitude pour les opportunités qui se présentent à toi, celles qui se présenteront dans le futur ainsi que celles que tu as déjà saisies par le passé.

LA JOIE

La joie est un sentiment de bonheur intense et profond qui peut être ressenti lorsque tu fais quelque chose que tu aimes, lorsque tu es en compagnie de personnes qui te sont chères ou quand tu réalises quelque chose de significatif. La joie est différente de la simple satisfaction ou du plaisir momentané car elle est plus profonde et durable. Il y a de nombreuses façons de cultiver la joie dans ta vie. Voici quelques idées :

- **fais ce que tu aimes :** trouve des activités qui t'apportent du bonheur et qui te permettent de t'épanouir. Cela peut être quelque chose de créatif, comme dessiner ou jouer d'un instrument de musique, ou quelque chose de physique, comme pratiquer un sport ou faire de la marche en pleine nature ;

- **entoure-toi de personnes qui te sont chères :** passer du temps avec les personnes que tu aimes peut être une source de joie et de réconfort. Fais l'effort de rester en contact avec tes amis et ta famille. Passe le plus de temps possible en leur compagnie ;

- **fais quelque chose de significatif :** accomplir quelque chose va t'apporter un sentiment de satisfaction et de joie. Cela peut être quelque chose d'important à tes yeux, comme créer une entreprise ou réaliser un rêve d'enfant, ou quelque chose de plus ordinaire, comme aider une personne âgée à faire ses courses ou être à l'écoute d'une personne dans le besoin ;

- **apprends à apprécier les petites choses :** prends le temps de savourer tous les moments de la vie quotidienne et de les apprécier, ainsi que ceux que tu peux considérer comme ordinaires, banals ou pas intéressants pour ta propre vie. Cela peut être les couleurs des fleurs, un bon livre ou le bonheur chez les autres ;

- **cultive une attitude positive :** avoir une attitude positive fait que tu attires la joie et les miracles dans ta vie. Prends l'habitude de voir le verre à moitié plein plutôt qu'à moitié vide car l'optimisme est un choix. La vérité, c'est que le verre est juste rempli à moitié. Tu es maître de la façon dont tu décides de percevoir les choses.

Aujourd'hui, tu es invité à faire entrer beaucoup plus de joie dans ta vie. Célèbre toutes tes victoires, ton existence sur terre et celle des autres, mais aussi ton futur.

LE PARTAGE

Savoir donner et recevoir. À ce stade, il est important de comprendre la notion de donner et recevoir, ainsi que trouver l'équilibre entre les deux.

Donner

Donner implique une action volontaire, désintéressée et généreuse, souvent dans le but de faire plaisir à une autre personne ou pour l'aider d'une manière ou d'une autre. Lorsque tu donnes, cela doit être sans aucune attente. Autrement, il est nécessaire d'informer la personne qui reçoit que tu es dans une notion d'échange. Il est important de donner parce que tu le ressens intérieurement et non pas par obligation. Lorsque tu donnes avec des attentes non exprimées ou parce que tu te sens obligé, tu accumules avec le temps une forme de ressentiment. Sois sincère avec toi-même lorsque tu donnes à quelqu'un. Pose-toi cette question :

« Est-ce que j'ai des attentes à court ou à long terme vis-à-vis de l'action que je vais poser maintenant ? »

Tu peux aller jusqu'à imaginer que, dans dix ans, tu te trouves dans une situation où tu as besoin d'aide et cette même personne t'ignore. Vas-tu le lui reprocher ? Ou vas-tu penser que la bonne personne t'apportera exactement ce dont tu as besoin au bon moment ? Ceci t'aidera à savoir comment tu donnes exactement.

Recevoir

Il t'est offert l'opportunité de renforcer tes liens avec l'abondance illimitée de l'univers. À ce stade de ton évolution, il est nécessaire d'abandonner tout sentiment d'indignité ou de manque et de t'accepter en tant qu'être divin afin de recevoir sans complexe tout ce que la vie a à t'offrir. Les êtres humains oublient que recevoir, c'est offrir un cadeau à l'autre, puisque vous lui offrez l'opportunité de donner. Il est donc temps d'arrêter les fausses modesties en provenance des croyances limitantes de tes ancêtres. Accepte de recevoir, que cela soit un compliment, de l'aide, des cadeaux sans te sentir redevable, sans chercher à en faire autant pour compenser un manque intérieur. Ressens juste de la gratitude, c'est ton tour de recevoir et laisse l'autre savourer le plaisir de donner.

***

En maîtrisant ces deux notions, tu comprendras que l'abondance ne vient pas de l'extérieur, mais bien de l'intérieur. Que tu n'as pas besoin de contrôler de qui et comment tu vas recevoir ce dont tu as besoin. Tu comprendras que tu n'as pas besoin non plus de contrôler à qui et quand donner. Tu pourras créer tout ce que tu veux lorsque tu ouvres ton cœur et que tu fais confiance à la vie. L'univers et ses lois sont parfaits et toujours justes, même si vous (les humains) avez l'impression que ce n'est pas toujours le cas. Tout simplement parce que vous avez une vue étroite des situations à cause du voile de l'oubli, entre autres.

Tout ce que tu as à faire, c'est de garder tes intentions pures, puis d'avoir la foi, de faire confiance et de lâcher prise en sachant que tout ce que tu donnes, à commencer par l'amour, te reviendra en abondance. L'exercice de l'équilibre de ces deux notions ouvrira la voie de la joie, de la paix et l'accès à une réalité époustouflante.

SE CONNAÎTRE

Se connaître soi-même est un processus continu et essentiel pour le bien-être et l'épanouissement personnel. Cela implique de prendre le temps de se poser les bonnes questions, de réfléchir à qui tu es et à ce qui t'importe vraiment. Aujourd'hui, je t'invite à partir à ta rencontre et je te recommande de prendre le temps de te découvrir. Puis une fois que tu en sais plus à ton sujet, je t'invite à t'honorer. Voici quelques pistes d'exploration :

- **introspection :** prends le temps de te poser des questions sur ce que tu veux, ce qui est important pour toi, ce qui provoque de la joie en toi.
  Comment peux-tu te sentir plus épanoui dans ton quotidien ?
  Qu'est-ce qui te stresse ou te dérange ?
- **émotions :** prends le temps d'explorer tes émotions. Dans un premier temps, aie conscience de ce que tu ressens au quotidien. Aussi, prête attention à ce qui déclenche des émotions fortes en toi et pourquoi ;
- **explorer :** sois ouvert à de nouvelles expériences et de nouvelles façons de penser ;

priorité : comprends que tu dois toujours être ta priorité. N'oublie pas que le monde extérieur est un reflet de ton monde intérieur. Priorise toujours ce qui est en lien avec l'amour et la joie.

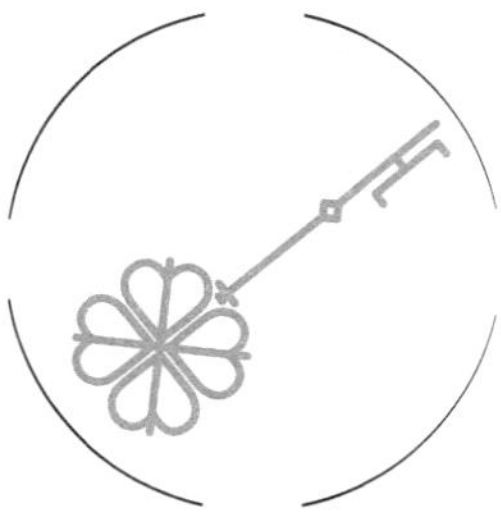

PARDONNER

Voici une invitation au pardon. Le pardon est une question de bonté. Il s'agit de faire preuve de miséricorde envers les personnes qui t'ont fait du mal, même si elles ne le « méritent » pas de ton point de vue. Le pardon ne consiste pas à trouver des excuses ou à prétendre qu'un événement ne s'est pas produit, c'est un processus complexe qui comporte de nombreuses étapes et progresse souvent de manière non linéaire. Alors aujourd'hui, pense à une personne, une situation ou toi-même (car le pardon de soi est primordial) qui t'a blessé moralement, physiquement ou émotionnellement. Pour t'aider à dépasser ce que tu ressens vis-à-vis de la situation, de la personne ou de toi-même, tu peux te poser les questions suivantes :

- **général :** en quoi cette situation me permet-elle de grandir et d'évoluer tant sur le plan personnel que spirituel ?
Pourquoi cela m'a-t-il blessé et touché ?
- **s'il s'agit d'une personne :** était-ce personnel ? Si oui, en quoi ? Quelles souffrances la personne porte-t-elle en elle afin d'en arriver là ? Si non, pourquoi l'ai-je pris personnellement ?

- **si la situation était inversée**, comment voudrais-je me pardonner ?
- **s'il s'agit de toi-même :** pourquoi est-ce que je mérite de me pardonner ? Comment mieux accepter mes erreurs et mes fautes ?

LA PATIENCE

Depuis des siècles, vous avez dans votre conscience collective le dicton suivant : « La patience est une vertu. » Je souhaite attirer ton attention sur cela aujourd'hui puisque cette capacité peut t'aider grandement dans ton développement, tant personnel que spirituel. La patience est une qualité qui peut être difficile à maîtriser. Cela dit, elle te permet d'être à la maîtrise de ton être. La patience est un atout précieux puisqu'elle te donne l'opportunité de réfléchir avant d'agir et de ne pas céder à la colère ou à l'impatience. Développer ta patience, t'aidera pour obtenir ce qui est cher à tes yeux. De la sorte, tu développeras une plus grande sagesse. Tes prises de décision seront plus justes et affinées, et tu seras par ailleurs beaucoup plus enclin à être à l'écoute de ton intuition. Tu peux développer ta patience en pratiquant la méditation, le yoga, le qi gong ou le tai-chi. Cela t'aidera à calmer tes pensées, tes émotions et, par conséquent, cela facilitera l'accès à la patience.

L'AMOUR DE SOI

Aujourd'hui, je t'encourage à faire de ta relation à toi-même ta priorité absolue. C'est le chemin de la connaissance de soi, la clé du bonheur et de la réalisation de tes rêves. Ici, il n'est plus question de t'attarder sur tes défauts, tes erreurs, tes regrets. Accepte ton passé, accepte ton présent et accepte qui tu es. Lorsque tu ne sais pas comment prendre soin de toi ou comment t'aimer, pose-toi la question suivante :
« Si la personne la plus chère à mes yeux me demandait un conseil, maintenant, qu'est-ce que je lui recommanderais ? Et qu'est-ce que je ferais pour elle ? »
Puis agis immédiatement en alignement avec ta réponse.
Prends le temps d'analyser ton discours intérieur :
qu'est-ce que tu te dis en ce moment ?
Comment te juges-tu ?
Qu'est-ce qui te pousse à penser de la sorte ?
Quel dialogue intérieur nourrit ton amour de toi ?
Affirme et déclare que tu choisis une perception différente de celle que tu as actuellement. Affirme et déclare que tu adhères à une nouvelle vérité, une qui te servira, ainsi que toutes les personnes qui croiseront ta route.

Prends le temps d'écrire tous les soirs pendant 90 jours d'affilée sur les sujets suivants : les raisons pour lesquelles tu es fier de toi, dresse une liste de tes accomplissements de la journée (les petits, comme les grands) et écris ce que tu aimes chez toi (au niveau physique, mental, émotionnel, dans ton caractère, tes valeurs, etc.). Ta vie est l'expression des croyances que tu as à ton sujet.
S'accepter pleinement est le dernier obstacle majeur pour l'âme sur l'ego. Je te rappelle que la seule façon d'aimer et d'accepter vraiment l'autre, c'est déjà de t'aimer et de t'accepter toi. Et, par effet miroir, l'acceptation et l'amour de soi apportent le non-jugement.

L'AMOUR DE LA VIE

L'amour de la vie passe par l'amour de soi, de même que l'amour de soi passe par l'amour de la vie. Ce que je souhaite que tu intègres, c'est qu'il est important et nécessaire d'aimer tout ce qui existe. Si tu ne t'aimes pas, il est difficile de faire un saut quantique afin de vivre une vie en alignement avec tes désirs profonds. L'amour de soi est une pratique qui prend du temps. Ne te contente pas de t'aimer, sois quelqu'un que tu aimes. Cela signifie que tu dois permettre à l'amour de traverser ta vie aussi souvent que possible. C'est pour cela qu'il t'est recommandé de te concentrer sur les choses que tu aimes chez les gens que tu rencontres. Lorsque tu es dans un magasin, lors d'une réunion ou lorsque tu converses avec quelqu'un, pense à ce que tu aimes.

Concentre-toi sur toutes les choses que tu aimes et apprécies dans l'instant présent (paroles, gestes, objets, ambiance, etc.). Enseigne à ton mental l'appréciation et l'amour de ce qui est dans ton présent. Puis, le soir avant de te coucher, sois fier de tout l'amour que tu as développé en toi et autour de toi. De cette façon, tu seras encore plus en amour de la vie, et par ricochet de toi-même.

JOUER

Laisse la place à ton enfant intérieur et à la fête. Avec notre société moderne, il est facile d'oublier le jeu, l'insouciance, la curiosité, l'espièglerie. Tu te laisses peut-être trop submerger par le stress, la vie quotidienne, les choses à faire, les obligations.

- Tes obligations sont-elles toutes vraiment des obligations ou est-ce la pression que tu te mets sur le dos ?
- Quelle était la dernière fois où tu as laissé ton enfant intérieur s'exprimer ?
- Quelle était la dernière fois que tu as rigolé à en avoir mal au ventre ?
- Te souviens-tu de la dernière fois que tu as fait quelque chose qui te passionne ?
- Que tu as ressenti de la joie sans raison particulière ?

Fais entrer la joie dans ta vie, comme le soleil du printemps qui perce après un long et sombre hiver.

Sois ce soleil dans ta vie, pour ta vie. En laissant le jeu prendre place dans ta vie, tu laisses la joie entrer dans ton existence. Ainsi, tu fais plus de place pour la gratitude, les bénédictions et les miracles que la vie peut t'apporter dans ton quotidien.

- Que peux-tu faire aujourd'hui pour laisser plus de place à ton enfant intérieur ?

Une fois que tu as répondu à cette question, passe tout de suite à l'action ou note-le dans ton agenda et prends un rendez-vous de joie avec toi-même.

Dépôt légal : avril 2023
Achevé d'imprimer en avril 2023
Imprimé en Serbie par Rotografika

OUVERTURE ET NOUVEL HORIZON

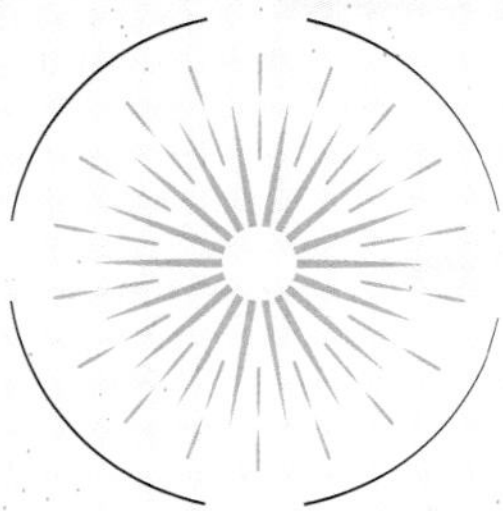

LA JOIE

LE PARTAGE

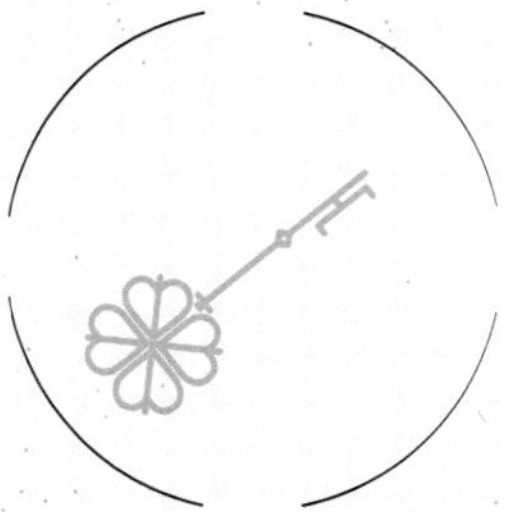

SE CONNAÎTRE

PARDONNER

LA PATIENCE

L'AMOUR DE SOI

L'AMOUR DE LA VIE

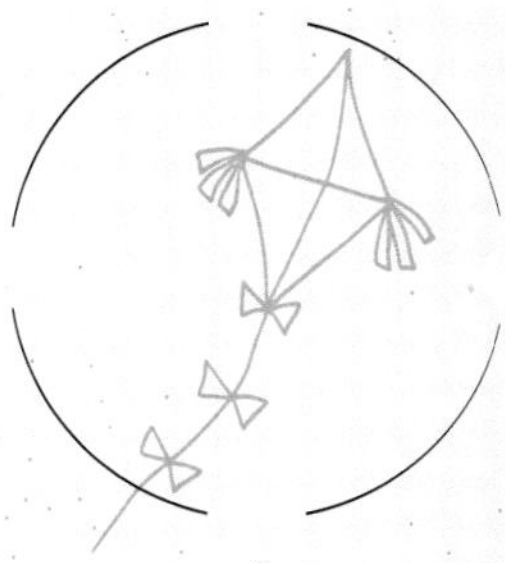

JOUER